JN411718

분당 일기

글 · 오재현

졸수의 변

– 프롤로그를 대신하여

회고록 〈수필과 역사가 함께한 공과대학 교수의 이야기〉

출판기념회에서의 인사말

졸수의 변 :

여러분 대단히 반갑습니다.

오늘 이 모임이 아마 여러분을 만날 수 있는 마지막 기회가 아닌가 생각하니 더욱 반갑습니다.

오늘 여러분에게 드린 회고록 표지의 사진부터 설명을 하겠습니다. 이 사진은 5개월 전인 지난 1월 19일 日本 九州 宮崎縣의 최북단 高千穗峽谷에서 찍은 것입니다. 高千穗는 日本 초대 天皇 神

武天皇이 태어났다는 전설의 고원마을입니다.

1월 19일은 내가 우리나이로 90세 되는 생일날입니다. 90세를 졸수(卒壽)라고도 합니다. 플랜카드에 회고록을 졸수졸업논문(卒壽卒業論文)이라고 하였는데, 우리나라에서 처음 보는 표현이 아닌가 싶습니다. 또 금년은 집사람과 결혼하여 만 60년이 되는 해입니다. 回婚이라고도 합니다. 표지의 사진은 졸수와 회혼을 자축하고 기념하는 사진입니다.

1958년 4월 인하공과대학 봉직을 시작으로 인하공과대학에서 10년, 연세대학교에서 26년, 현역으로 36년. 연세대학교 명예교수로 24년, 합해서 60년이라는 세월을 공과대학 교수로 살아왔습니다.

회고록 표지에 담긴 필자부부 (2018. 1. 19.)

이 책은 졸수를 맞이하여 이 60년간의 공과대학 교수생활을 정리·청산한 글을 묶어, 엮은 것입니다.

기념회에서 인사말을 하는 필자

정말 오래 살았습니다.

자식들에게 부담을 주고, 제자들에게는 오늘과 같이 신세를 지고 있으니, 오래 산다는 것이 바람직하지 않지만, 어찌하겠습니까.

卒壽란 말이 壽命의 졸업이라는 뜻인 것 같습니다. 수명을 졸업하였으니, 이제는 공짜 人生, 완전히 덤으로 사는 人生입니다. 공짜 人生의 특징을 곰곰이 생각해 보았습니다.

첫째는 모든 것을 포기해야 한다는 것입니다. 자동차 운전을 포기하고, 해외여행도 포기하고, 등산도 포기했습니다. 모든 것을 포기할 수밖에 없었지만, 그 좋아하던 등산을 포기한다는 것은 정말

참가한 제자 일동과 기념사진

애석하고 안타깝습니다. 일요일이면 틀림없이 산에 올라가던 40여년, 행복했습니다. 1/7의 행복이 확보된 인생이었습니다.

공짜인생의 특징 중 두 번째는 모든 일이 마지막 기회라고 생각하는 것입니다. 앞에서 말한 바와 같이 오늘 여러분과 만나는 것이 마지막이 될 것이라는 생각입니다.

작년 7월부터 회고록을 쓰기 시작하였는데, 매일 매일이 마지막 집필의 기회라고 생각하면서 서둘러 썼습니다. 언제 눈이 안보이고, 언제 뇌졸중으로 반신불수가 될지 모른다는 강박감으로 6개월

만에 회고록을 완성하였습니다. 그렇기 때문에 좀 더 충실하게 썼으면 하는 후회도 남아 있습니다.

36년간 현역시절에는 여러분과 이마를 맞대고 현상을 주시하고, 극히 일부분이지만 자연현상을 해명하는 재미와 보람으로 살아왔습니다. 이 자연현상의 해명을 한편의 논문으로 작성하는 성취감을 잊을 수 없습니다. 또 여러분이 산업전선에 뛰어들어 우리나라를 오늘과 같은 세계적인 전자산업, 철강산업 국가로 만들고, 중추적인 역군으로 활동하는 모습에 공과대학 교수의 긍지를 가지고 살아왔습니다.

여러분과 같이 보낸 36년간은 즐거운 일이 많았습니다. 이 나라 백성으로 태어났기 때문에 아픔도 겪었지만, 그런 연유로 얻은 기쁨과 보람이 더 많았습니다.

1994년 정년퇴임 후에는 오늘까지 24년간 한국자원리싸이클링학회를 육성하고, 자원순환형사회를 구축하는데 전력을 다 했습니다. 1995년 논현동 학회사무실에서 갓 인쇄된 학회지를 손수레에 싣고, 학회 민지원씨와 둘이서 낑낑대며 언덕길을 넘어 논현우체국에 가서 회원들에게 학회지를 발송하던 때가 기억에 남아 있습니다.

학회 특별회원사를 확보하기 위해서는 체면도, 자존심도 아랑곳하지 않았습니다. 기업가를 만나면 항상 특별회원사 청탁이 우선이었습니다. 이렇게 25년간 한결같이 한국자원리싸이클링학회를 육성하고, 동아시아 자원리싸이클링 연구자와 유대를 강화해 왔습니다. 그리하여 우리나라 자원리싸이클링 기술개발과 리싸이클링사회를 구축하는데 공헌했다고 자부하고 있습니다.

한편, 이 기간 나는 25건의 Project를 수행했습니다. 보고서를 쓰고, 꾸준히 논설을 써 왔습니다. 이 보고서와 논설이 집대성되어, 2013년부터 2017년 6월까지 5년 동안 5권의 저서로 묶었습니다.

晩年에 이렇게 단기간에 5권의 저서로 출판 할 수 있었던 것은, 여러분과 이마를 맞대고 고생한 기초적인 연구업적이 있었기에 가능했던 것입니다. 또 여러분과 같이 연구한 업적이 있기에 국내에서는 말할 것도 없고 외국에 가서도 대접을 받았습니다. 암암리에 여러분이 받쳐주는 힘이 있었기에 한국자원리싸이클링학회를 설립하고 25년이라는 긴 세월동안 발전시킬 수 있었습니다. 이러한 여러분의 노고에, 나의 回顧錄 〈수필과 역사가 함께 한 공과대학

교수의 이야기〉가 조금이나마 위로가 되고 보답이 될 수 있다면 나의 크나큰 기쁨으로 알겠습니다.

오늘이 진짜 나의 졸수의 날이고, 졸수·졸업논문을 제출하는 날이라고 기억하겠습니다.

오늘 이 행사가 1세기 가까운 장구한 나의 생애를 장식하는 졸업 기념식으로 기억하겠습니다.

여러분 고맙습니다.

여러분의 건투를 빕니다.

2018년 6월 14일 오재현

목차

1

분당객지

1

분당객지

집 앞 버스길의 은행나무 가로수가 노릇노릇하게 물들고, 중앙공원 내의 분당천 둑 양변을 장식하고 있는 벚꽃나무 잎이 붉은색으로 짙어지고 있다. 분당신도시 건설(1989~1993년)때 심은 가로수 묘목이 이제 거목이 되어 숲을 이루고 있다. 덕택으로 그 무덥던 여름철에도 가로수 그늘을 밟으며 상쾌한 기분으로 버스정류소로 나와 외출하곤 하였다.

내가 분당으로 이사한 것은 1994년 3월 8일로, 연세대학교 정년퇴임을 한 학기만 남기고 있었다. 분당선 수내역에서 신촌역까지 약 2시간이 걸렸다. 왕복 4시간, 지하철 좌석에 앉아 읽고 싶은 소설을 실컷 읽었다. 그때 분당선은 텅텅 비었었고, 3호선도 빈자리가 많았다.

서울시 강서구 등촌동에서 분당으로 이사하기 전에는 단독주택에서만 살았다. 아파트에서 살고 싶었지만 경제적으로 여유가 없었다. 다행이 분당신도시 개발 시 추첨에 당첨되어 아파트 생활의 행운을 얻었다. 그것도 중앙공원에 인접한「파크타운」마을이다.

분당이라는 말을 처음 들어 보았고, 장소는 더욱 생소했다. 1970년대 중반 한국지질자원연구원의 (고)조명승(曺明丞) 부장 일행과 같이 '탄천하상(河床)의 중사(重砂) 부존 조사'에 참가한 일이 있다. 분당에 입주하고 보니 그때의 탄천이 분당신도시 중심으로 흐르고 있지 않은가. 그때도 성남비행장은 있었다. 그 외는 모두 논과 밭이었다.

1994년 분당사람이 되어, 이제 5개월 후에는 만 25년이 된다. 한 마을, 같은 집에서 90평생 중 가장 오래 살고 있다. 태어나서 30년간, 내 집은 지리산에 가까운 경남 함양의 산골마을이었다. 그러나 고향 집에서 산 햇수는 15년에 불과하다. 주로 유소년 때이다. 중·고등학교 시절에는 방학 때만 고향집에 와있었고, 대학 때는 일본에 있었기 때문이다.

1958년, 직장을 얻고 결혼하여 한 가정을 꾸리고부터는 고향집에 1년에 하루 이틀 다녀오는 것이 고작이었다. 인천시 용현동 마루턱 인하대학교 사택에서 6년, 서울시 은평구 불광동 연신내 골짜기에서 12년, 등촌동에서 15년을 살았다. 그러니 25년간이나 살아온 분당이 제2의 고향이라 하여도 조금도 어색할 것이 없다. 그런데 웬일일까. 분당은 항상 객지처럼 느껴진다.

25년 분당생활에 이웃이 한집도 없다. 4~5m 앞집은 옆집이지 이웃은 아니다. 옆집 사람을 만나도 인사만 할뿐, 한 번도 그 집에 들어가 본 일이 없거니와, 그 집 사람도 우리 집에 오지 않는다. 말없이 언제 떠날지도 모르는 옆집 사람과 정을 나눠서 무엇하랴.

고향 집에는 이웃이 있다. 선조 대대로 서로를 위하고 서로를 도우며 살았던 이웃이 있다. 몇 집 건너 앞집에는 90이 되는 동갑내기 친구가 지금도 그 집에 살고 있다. 앞집에는 나의 친구가 그의 부모님과 살고 있었는데 다 돌아가시고 지금은 그 친구의 아들이 그 집(집 모양은 개량되었지만)에서 살고 있다. 마을에 전기가 들어오고 골목길이 넓어지고 자가용차가 들락날락하는 요즘에도 마을 앞 강에는 여전히 물이 흐르고, 어릴적 뛰어놀던 뒷동산에는 바위가 옛날 그대로 놓여있다.

이렇게 고향 마을에는 글감이 있다. 유소년기에, 그리고 어렵게 살았던 시대의 고향일수록 글감이 많다. 정지용, 김소월의 고향을 읊은 시는 지금도 내 가슴을 뜨겁게 한다. 백년설, 남인수가 구슬프게 부르던 고향의 노래는 언제 들어도 심금을 울린다.

이렇게 고향을 그리워하는 시를 읽고, 노래를 들으면서 언젠가는 소박하고 인정 많은 고향으로 돌아가야지 하는 꿈을 꾸어왔다. 살아서는 못가도 죽어서는 가야지 하는 생각을 지울 수 없다. 그러니 오래 살았어도, 천당위에 분당이 있다지만, 만년의 분당은 객지일 수밖에 없다.

(2018년 10월 3일 기)

2

분당 중앙공원

2

분당 중앙공원

최근 분당 중앙공원을 자주 찾는다. 영장산(靈長山) 줄기의 세장산(世葬山)은 공원 동쪽에서 서쪽으로 뻗어 중앙공원의 큰 틀을 이루고 있다.

동쪽 계단을 숨 가쁘게 70m가량 올라가면 조그마한 능선을 만나고 능선의 정상에 팔각정(八角亭)이 있다. 팔각정에서 서쪽 야외공연장 쪽으로 내려가는 길에 계곡이 있다. 숲으로 싸여 주위와 완전히 단절되어 있어 심산유곡의 경지를 약간 느끼게 한다.

나라가 공신에게 하사한 사패지(賜牌地)인 세장산 일원에는 조선 중기와 후기에 조성된 한산이씨(韓山李氏) 공신묘역이 6개 있다. 묘역은 모두 남쪽을 바라보는 산중턱에 위치하여, 잔디가 잘 가꾸어져 있다. 안내판에 무덤 주인공의 공적을 설명하고 있지만 뚜렷하게 기억에 남아 있는 것은 임진왜란 시 상주(尙州) 전투에서 장렬하게 전사한 충신 이경류(李慶流) 묘역 뿐이다.

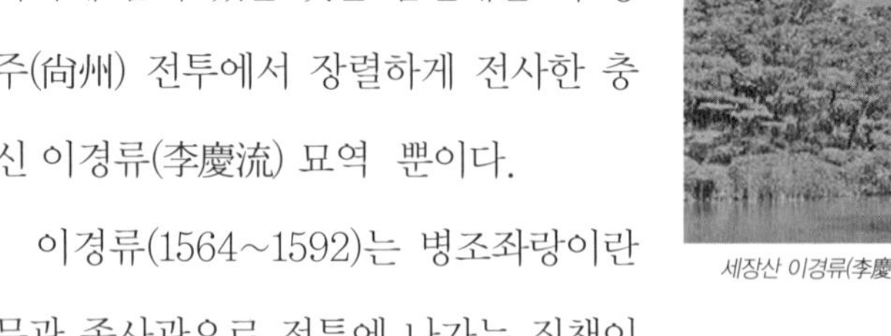

세장산 이경류(李慶流)의 묘역과 분당호

이경류(1564~1592)는 병조좌랑이란 문관 종사관으로 전투에 나가는 직책이 아니었다. 그런데 자진하여 전투에 나가 용감하게 싸우다가 전사하였다.

28세의 꽃다운 나이였다.

이경류의 희생은 선비정신의 귀감이요, 노블레스 오블리주 사회에서만 볼 수 있다. 우리나라는 지금 상층은 있는데 상류사회가 없고, 고위층은 있는데 노블레스 오블리주가 없다고 한다.

그래서인지 이경류의 묘역에서는 숭고한 애착을 강하게 느끼게 한다. 그뿐만 아니다. 그의 묘역에는 그의 애마(愛馬)의 무덤도 함께 있다.

주인 이경류가 전사하자 그의 애마는 피 묻은 이경류의 의복을 입에 물고 500리길을 달려 이곳 수내동 마을의 이경류 본가에 와, 그의 전사를 알렸다. 그리고 식음을 전폐하며 주인의 죽음을 슬퍼하다가 죽었다.

국가를 위한 희생, 주인을 위한 충성, 526년 전의 역사가 숨 쉬고 있는 세장산에 오를 때 마다 마음이 숙연해진다.

오늘 10월 30일, 만추의 중앙공원은 단풍이 한 잎 두 잎 떨어져 낙엽이 길가에 쌓이기 시작한다. 30㎝ 네모의 화강암 돌판이 넓은 공원 광장에 반듯하고 아름답게 깔려 있고, 그 연장선상에 분당호가 있다. 그리고 호반에 경회루(慶會樓)를 본 딴 돌마각(突馬閣)이 우뚝 서 있다.

광장에는 어린이가 뛰어놀고, 호반 벤치에는 어른들이 쉬고 있다.

분당 중앙공원의 광장과 돌마각(突馬閣)

이조시대 한산이씨의 수내동 가옥(경기도 문화재)

군데군데 황홀한 색깔의 단풍이 공원을 장식하고 있다. 평화스러운 공간, 행복한 모습. 이것이 바로 천당 위의 분당이 아닌가 싶다.

세장산 남쪽 기슭에 자리 잡은 이 광장과 호수는 본래 한산이씨의 집성촌인 수내동 마을이었다. 80호의 주민이 수내동 마을에 살고 있었으나, 분당 개발 시(1989년) 모두 이주하고, 한 가옥만을 문화재로서 남기고 있다.

마을 앞에는 분당천이 흐르고, 세장산이 북풍을 막아주고 남향 햇빛이 따스하게 비치는 아늑하고 평화스러운 옛적의 수내동마을을 연상해 본다.

나는 이조(李朝)와 현대가 공존하는 중앙공원을 산책할 적마다

중학교 때의 친구 하련근 군이 떠오른다. 그리고 그의 갑작스러운 죽음이 나의 가슴에 깊은 슬픔을 안겨준다.

그는 중학교 4학년을 마치고 해양대학교에 진학했다. 해군사관학교는 3학년을 마치면 진학할 수 있는 그런 시대였다.

그가 해양대학교로 떠난 후 수 십년 동안 소식이 없다가 만년(晩年)이 되어 다시 어울리게 되고, 동기동창회 회장을 맡았다. 중학교 때는 늘 급장을 하였다.

비단과 같은 고운 심성, 투명할 만큼 맑은 얼굴은 그때나 지금이나 변함이 없다. 회사를 경영하면서 침술을 배웠고, 토요일은 요양원을 방문하여 침을 놔주는 봉사활동도 하였다.

어떻게 된 영문인지 몇 년 전 중앙공원 동쪽에 인접한 샛별마을로 이사해 왔다. 나하고는 이웃마을이 되었다. 그래서 중앙공원 돌마각에서 만나자는 약속을 몇 번이고 하였지만 이루어지지 않았다. 그는 부인의 병환으로 약속을 지키기가 어려웠다.

지난해 5월에 그가 동창회를 소집하여 인사동 단골 「사천집」에서 모였다. 한때는 20명 가까이 모였는데 이제는 6명만 남아 있다. 이 중에서 하련근 군이 제일 건강하였고, 그는 100세까지 살

것이라는 우리들끼리의 정평이었다.

가을이 되어 우리가 다시 모이는 시기가 되자 나는 하련근 군으로부터 동창회 소집을 알리는 전화를 기다리고 있었다. 그런데도 영 전화가 없어 11월 초에 내가 하련근 군 집으로 전화를 걸었더니, 따님같은 목소리로 그는 10월 말 폐렴으로 돌아갔다는 것이다. 세상에 이럴 수가 있는가. 나하고 동갑내기이니 죽어도 아깝지 않은 나이지만, 그래도 이럴 수는 없다.

중앙공원을 산책할 때마다 정답고 믿음이 가는 친구, 그의 얼굴이 어른거리어 세상의 허무함을 어떻게 달래야 할지 모르겠다. 그가 간지 꼭 1년이 되었다. 중앙공원 이웃마을에 살면서 중앙공원에서 한 번도 만나지 못한 것이 너무 아쉽고 분통이 터진다.

분당호의 호반 벤치에 앉아 친구를 그리워하는 형언할 수 없는 내 가슴의 아픔을 무심코 호수면에 던져 본다.

(2018년 10월 30일 기)

3

사어(死語) '정숙한 여성'

3

사어(死語) '정숙한 여성'

외손자 우경민 군은 분당 파크타운 마을에서 내정초등학교와 내정중학교를 졸업했다. 그리고 중앙공원 너머의 명문 서현고등학교를 졸업했다.

고등학교 시절 그가 걸어서 중앙공원을 가로질러 등·하교를 했으면 하는 바람이 있었지만 어림없는 일이었다. 왕복 약 한 시간, 중앙공원의 자연과 친밀해질 뿐 아니라 체력 향상에 절대적 효과를 확신했기 때문이었다.

나는 초등학교도 왕복 10리를 걸어서 다녔다. 하교 길에 길가의 코스모스 꽃을 어루만지고, 냇가에서는 책보를 집어던지고, 바지를 걷어 올려 물속에 들어가 고기를 잡기도 하였다.

경민이는 분당에서 강북에 있는 대학을 다녔고, 역시 분당에서 강남 삼성동에 있는 직장에 다니고 있다. 그래서 경민이의 고향은 분당일 수밖에 없다.

그러나 PC와 휴대전화로 게임을 즐기면서 자랐고, 소박한 자연과 이웃이 없는 분당이 우리가 그리워하는 고향과 같을 수는 없다. 고향도 아니고 타향도 아니다.

우리 집 아이는 유 소년기에 인천에서 6년, 중·고등학교와 대학시절에는 불광동 연신내에서 12년, 강서구 등촌동에서 15년 살았다. 그러니 고향이라고 불릴 만한 곳이 없다.

지난 10월 중순 성묘차 고향을 찾았다. 마을을 한 바퀴 도는 동안 고향 분을 몇분 만났지만 모두 70이 넘은 할아버지와 할머니뿐이었다. 젊은이는 물론이고 어린이조차 찾기 어려웠다. 면 소재지 초등학교에는 한때 300명의 학생이 다녔었다. 지금은 36명이 다니고 있다고 한다.

장차 고향을 그리워하고, 농촌의 정서를 가진 세대의 배출은 도시에서나 농촌에서나 마찬가지로 기대할 수 없다.

경부고속도로 <망향>휴게소 맞은편에 망향동산이 있다. 망향동산은 일제 강점기 살기 어려워 고국을 등지고 일본으로 건너가 갖은 고난을 겪으면서 생활하다가 생을 마친 재일동포 1세들이 고국에 묻히고자 1976년에 조성한 공원묘지이다.

살아서는 못가도 죽어서는 고국에 묻히고 싶다는 애절한 염원으로 거금을 들여 마련한 안식처이다. 그런데 그 안식처가 더러 비어있다는 것이다. 본인 사망 후, 자식들이 <망향>동산에 모시지 않고, 일본 거주지 근처의 묘지로 모셨기 때문이다.

<망향>동산으로 모시는 것이 번거롭기도 하지만, 가족과 가까운 곳에 있어야 한다는 명분 때문이다. 또 2세, 3세들에게는 부모들이 그렇게도 간절하게 그리던 고향, 고국 생각이 실감나지 않거니와 부모의 심정에 공감하지 못하는 탓도 있다.

2005년 7월 무라카미 리에(村上理映) 양이 제출한 '한국의 가전(家電) 리싸이클링 기술과 정책'이라는 박사학위 논문을 심사하기 위하여 일본 규슈대학(九州大學)에 갔었다. 심사가 끝난 후 회식자리에서 잡담이 오가고 하는 중 어떤 화제 끝에 「정숙한 여성」이라는 말을 하였다. 그랬더니 무라카미양이 대뜸 "오 선생님 그러한 말을 안 쓰지 오래 된 사어(死語)입니다" 라고 항변하였다.

세장산 가장 서쪽에 자리한 한산이씨 묘역
위부터 ①종친부 전부이원(宗親府 典簿李垣), ②부평부사 이오(富平府使 李澳) 및 ③처사 이한(處士 李漢), ④호조정랑 이병건(戶曹正郎 李秉健), ⑤군자감정 이산중(軍資監正 李山重)의 묘가 있다.

그렇다. 「고향」도 「고국」도, 이런 말은 불원간 사라질 사어(死語)인 것이다.

분당 중앙공원 세장산에 이조중기(李朝中期)부터 잠자고 계신 한산이씨 어르신들이여! 사어를 붙들고 이러쿵저러쿵 씨름하는 졸수(卒壽)의 넋두리를 역사의 한 토막으로 여기시고 어르신 옆구리에 묻어주옵소서.

(2018년 11월 30일 기)

4

자작나무 숲을 생각하며

4

자작나무 숲을 생각하며

오늘도 분당 중앙공원에 출근한다.

파크타운마을에서 구름모양 육교를 건너자 바로 중앙공원이고, 중앙공원에서 맨 먼저 맞이해 주는 것이 300평 남짓한 〈자작나무 숲〉이다. 봄 여름 가을 겨울 없이 자작나무에게 먼저 인사를 하고 중앙공원 산책길이 시작된다.

자작나무는 줄기가 하얗고 얇게 껍질이 벗겨지는 특징이 있기 때문에 멀리서도 금방 알아볼 수 있다. 자작나무가 숲을 이루고 있을 때 그 모습이 고상하여 서양에서는 자작나무숲을 가리켜 '숲속의 귀족'이라고 부르기도 한다.

북방지방이나 고원지대에 발달한 자작나무가 분당 중앙공원에

분당 중앙공원의 자작나무 숲

좁은 면적이지만 숲을 이루고 있는 모습이 기특하여 중앙공원을 산책할 때마다 공원의 품격을 느낀다.

내가 이렇게 자작나무숲에 유달리 애착을 가진 것은 고상하고 귀족적인 자작나무의 자태에서 비롯된다고 할 수 있지만, 자작나무숲과 얽힌 추억 때문에 더욱 중앙공원의 자작나무숲에 친밀감을 느끼게 한다.

중학교 시절 춘원 이광수의 소설이라면 닥치는 대로 읽었다. 〈흙〉, 〈사랑〉, 〈무정〉, 〈유정〉 등 가리지 않았다. 일제강점기 태평양전쟁이 한창이던 각박한 시대였지만, 1933년에 발표한 〈유정〉을 읽으면서 낭만도, 꿈도 키웠다. 그것은 바이칼 호가 등장하고, 시베리아의 대

평원이 등장하기 때문이었다. 해방 직후인가 싶다. 〈유정〉이 영화화 되어 관람한 기억이 난다. 여주인공 남정임이 아버지와도 같은, 하지만 너무도 지순한 사랑 최석을 찾아 연약한 몸을 부추기면서 대흥안령설원을 넘어간 무대가 나의 뇌리에 삼삼하게 떠오른다. 특히 최석이 믿는 벗 N형!에게 보내는 편지의 다음과 같은 마지막 한 구절을 잊을 수 없다. 70년이 지난 지금에도 가슴을 적신다.

"… 이 편지를 쓰기 시작할 때에는 바이칼 물결이 흉흉하더니 이 편지를 끝내는 지금은 호수 가장자리에 얼음이 얼었고, 그리고 저 멀리 푸른 물이 넘실넘실 하얗게 덮인 산 빛과 어울리게 되었소. 사흘이나 이어서 오던 눈이 밤새 개고 오늘 아침에는 칼날 같은 바람이 눈을 날리고 있소. 나는 이 얼음 위를 걸어서 저 푸른 물이 있는 곳까지 가고 싶은 유혹을 금할 수 없소. 더구나 이 편지도 다 쓰고 나니, 이제는 내가 이 세상에서 할 마지막 일까지 다한 것 같소. 내가 이 앞에 어디로 가서 어찌될는지는 나도 모르지마는 희미한 소원을 말하면 눈 덮인 시베리아의 인적 없는 삼림 지대를 한정 없이 헤매다가 기운다하는 곳에서 이 목숨을 바치고 싶소."

나는 이 소설을 읽은 소년시절부터 시베리아를, 바이칼 호를 꼭 한번 보고 싶은 꿈을 버리지 않았다.

내가 처음으로 러시아를 여행하게 된 것은 1996년 8월이었다. 찜통더위에 무표정한 입국심사관 앞에서 2시간이나 기다려야 했던 모스크바공항에서의 입국절차는 결코 즐거운 분위기라고 할 수 없다. 그러나 대한민국 비행기를 타고 모스크바에 왔다는 감동은, 이 꿈같은 사실은 나를 흥분시키고도 남았다. 철의 장막 속에 갇힌 소련, 항상 문이 굳게 닫혀있는 도쿄의 소련대사관, 공포의 대상인 소련, 이런 환경 속에서 살아야 했던 우리 세대에게 소련을 여행한다는 것은 상상조차 할 수 없었다. 바이칼 호는 지도상에서나, 혹은 영상에서나 보는 것으로만 알고 있었다. 한소수교(1990년 9월 3일), 소연방해체(1991년 12월)를 점쳐보는 사람은 아무도 없었다.

두 번째로 러시아를 방문한 것은 2004년 7월 중순이었다. 시베리아 평원과 바이칼 호 그리고 이르쿠츠크를 보고자 관광단에 합류하여 전세기로 이르쿠츠크에 직항하였다. 이르쿠츠크에 도착한 이튿날 부리야트민속촌을 구경하기 위하여 시베리아 대평원을 달렸다.

시베리아대평원, 시작도 없고 끝도 없는 막막한 평원, 평원의 끝이 보이지 않는다. 평원의 끝에는 하늘이 있어야 하는데 평원과 하늘의 경계는 없었다. 눈에서 멀어질수록 하늘이 평원이고 평원이 하늘이다. 이 평원 도로 안쪽에 서낭당이 외로이 서 있었다. 나무기둥 두 개만을 엮은 서낭당이다. 천하대장군도 아니고, 당집도 아니다. 길가는 나그네는 이 서낭당에 동전을 놓고 기도를 한다. 부리야트족 샤머니즘의 하나이다. 우리의 토속신앙과 닮았다.

그 밤은 부르드구스라는 전원적인 유럽식 호텔로 숙소를 정했다. 이 호텔에서 멀지 않은 안가라 강가의 숲 속에 러시아식 사우나가 있다. '바냐'라고 불리는 이 사우나는 자작나무 사우나 시설에서 훈증한 다음, 자작나무 이파리로 온몸을 두들겨서 혈액순환을 돕게 한다. 그리고 곧장 밖으로 내달려서 바이칼 호에서 흘러나온 안가라 강물에 풍덩 뛰어드는 것이다. 이것을 몇 번이고 반복한다. 눈 덮인 겨울, 겨울시베리아를 여행하면서 바냐사우나를 즐긴 후, 안가라강 얼음구덩이로 뛰어드는 것이 제격이라고 한다.

나는 이때 처음으로 자작나무숲을, 자작나무가지를 그리고 자작나무이파리를 유심히 보았다. 잎은 삼각형으로 가장자리가 각지고 중간부분이 넓은 독특한 모양을 한 데다 잎자루가 무척 길다.

자작나무 잎의 모양

그래서 온 몸을 두들기는데 매우 효과적이다. 또 자작나무는 항균작용을 하는 물질을 포함하고 있어 사우나 욕조에 천생연분이다.

순서가 바뀌었지만, 첫 번째 러시아를 방문 시 약 1주일간 모스크바와 상트페테르부르크를 관광 후 열차로 핀란드의 헬싱키에 왔다. 헬싱키에 도착 후 바로 교외의 자작나무숲속 사우나로 안내되고 사우나 욕탕에서 즐거운 시간을 보냈다. 그러나 핀란드가 자작나무숲과 사우나가 유명하다는 가이드의 설명만이 기억 속에 남아 있다.

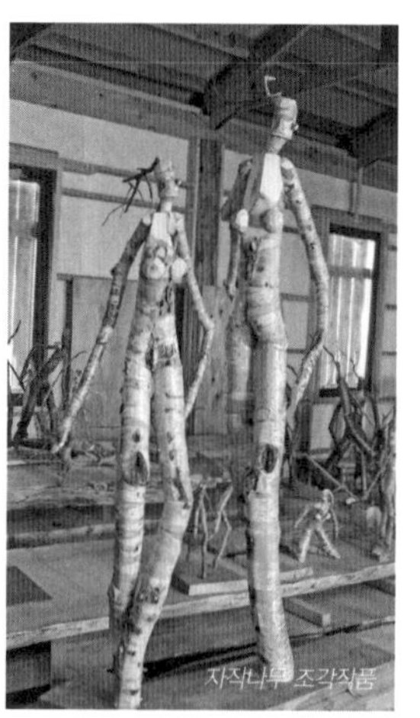
자작나무 조각작품

세 번째로 자작나무숲과 얽힌 이야기는 다음과 같다.

2015년 7월 2일, 일본 동북지방의 대표적인 자원리싸이클링업체 (株)세이난쇼지(靑南商事)와 DOWA에코시스템(株)

핫고다고원(八甲田高原) 자작자무 숲길

를 견학한 우리 일행, 삼표그룹의 사장단과 나는, 도와다호(十和田湖) 호반의 十和田莊에서 1박을 하였다. 그리고 7월 3일, 아오모리(靑森) 공항에서 1시 30분발 서울행 비행기를 타기위해 아침 일찍 도와다호의 물이 흘러내리는 유명한 14㎞의 오이라세계류(奧入瀨溪流)와 핫고다(八甲田)의 자작나무터널을 달려 핫고다고원에 잠시 휴식하였다.

자작나무숲으로 우거져 터널을 형성하고 있는 스카이라인, 가도 가도 이어지는 자작나무숲길. 이와 같이 감동적인 길이 끝나는 지점에 핫고다고원(八甲田高原)이 펼쳐진다.

핫고다고원(八甲田高原) 일각에서 자작나무 조각의 예술 활동

八甲田고원 '駒の里'에서 활동하는 자작나무 조각가 나카노와타리 토시히코(中野渡利彦)씨(중앙)와 같이

을 하고 있는 나가노와타리 토시히코(中野渡利彦)씨와 같이 사진을 찍고 그의 공방 고마노사토(駒の里)에서 자작나무 조각작품을 감상하였다.

분당 중앙공원 자작나무숲은 이렇게 핀란드, 바이칼 호 그리고 핫고다고원의 하늘을 연상케 하고, 아주 옛날의 추억도 더듬게 한다.

(2018년 12월 10일 기)

5

90세라는 나이

5

90세라는 나이

내 나이는 금년이 90이고 내년에도 90이다. 90이 2년 동안 계속된다.

금년은 우리나이로 즉 태아로 생명을 가지고서부터의 나이고, 내년의 90은 소위 만 90이라, 이 세상에 출현한 나이이다. 어느 쪽이 진짜 나이인가 하는 것은 우문으로 어느 쪽 나이에도 의미를 부여할 수 있다.

이제 곧 새해가 되고 1월 중순에는 만 90세가 된다. 90세라는 나이가 어떤 나이인가, 구체적으로 말하면 어떻게 살아야할 나이인가, 좀 더 구체적으로 말하면 무엇을 생각하고, 무엇을 정리하고, 무엇을 해야 하는가 등등이 부각된다.

아버지와 영아와 필자(1963년 가을 인천 만국공원에서)

작년(2017년) 6월 삼표그룹에 마지막보고서(저서 : 자원리싸이클링산업의 탐색) 제출을 끝으로 나의 조사·연구생활은 종지부를 찍었다. 그로부터 나의 회고록 〈역사와 수필이 함께한 공과대학 교수의 이야기〉를 쓰기 시작하여 금년 여름에는 책으로 출판하였다. 8월 초에는 나의 모든 장서와 자료를 몽땅 충주에 소재한 리컴(주)에 기증하였다. 집에 있는 서가도 사무실의 서가도 완전히 비었다. 나의 가슴도 비었고 머리도 비었다. 무일푼의 식자가 되었다.

이렇게 정리하고 나니 세상에 도통한 것 같아 마음이 가볍고 편안하다. 공부를 안 해도 되고, 또 할 수도 없고 그리고 꼭 해야 할

일도 없다. 10개월 된 어린애처럼 먹고, 자고, 기대어 일어서고, 붙들고 걷기만 하면 된다. 물리적 행동에 한계를 느끼니 생활도 단순해져야 하고 그 좋아했던 등산과 여행도 상상에 그쳐야 한다.

나의 선배들은 90이 되어서 어떻게 살았는가 싶어 평소 존경하고 흠모해온, 만년의 생활을 비교적 자세히 알 수 있는 몇 명의 선배를 떠올려 보았다. 그런데 모두 90세 이전에 돌아가셨다. 그림자 같이 밀착되어 섬긴 전 과기처 장관 최형섭 박사님은 85세, 형제같이 따르고 지식과 인간성을 공유한 와세다대학 하라다 다네우미(原田種臣) 교수는 84세, 그리고 나의 정성을 다하여 받들고 섬긴 큰 어르신 진학문 선생은 81세, 최승만(崔承万) 학장은 88세를 일기로 저세상으로 가셨다.

고향 대선배 권병호 선생은 106세까지 사신 아주 특출한 분이었다. TV에도 신문에도 기사가 되었다. 2011년 가을, 고향 함양에 가서 짬이나서 선생님을 찾아뵈었다. 수십 년 만에 만났는데, 금방 "너 오재현이지" 하고 내 이름을 맞추셨다. 그때 103세였다. "선생님은 앞으로 몇 년 더 사실 것 같습니까?" 하고 질문을 하였더니 2~3년은 더 살거야 하셨다. 그로부터 3년을 더 사시고 2014년에 돌아가셨다.

권 선배님은 서울에서 고관, 고위직으로 보내시다가 만년에 고향 함양으로 귀촌하셨다. 그리고 야산에 산장을 지으시고 돌아가시기 직전까지 산을 가꾸고, 자연과 더불어 유유자적 건강하고 이상적으로 사시다 가셨다. 그분의 일상생활, 철학, 건강관리 등은 짐작만 될 뿐 자세히는 알 수 없고, 참고로 하기에는 너무 멀고 높은데 계셨다.

90세에 어떻게 살아야 하는가, 좀 바보 같은 생각을 해본다. 새로운 인간관계를 가진다는 것은 부담스럽고, 아주 오래된 친구들을 만나고 싶다. 그리고 옛날이야기를 하면서 즐거운 시간을 보내고 싶다.

갓 태어난 신생아처럼 어머니 가슴속에 얼굴을 파묻고 잠자고 싶다. 나이가 많으면 어린애 같이 된다고 하지 않았던가.

90세라는 나이는 아파도 좋고 죽어도 좋고, 또 살아도 좋은 나이라고 말하곤 한다. 그러나 삶의 목표가 없으니 결코 행복한 나이일 수는 없다.

(2018년 12월 15일 기)

6

부유선별의 원리

6

부유선별의 원리

분당 중앙공원 광장의 가장자리에 경기도문화재로 한산이씨의 〈수내동 가옥〉이 있다. 그 서쪽 앞마당에 500년이 넘은 향나무가 서있고, 그 앞에 조그마한 연못이 있다. 지금은 연 찌꺼기만 남아 있지만 봄이 되고 여름이 되면 연잎으로 연못을 가득 채우게 될 것이다. 비가 오면 빗방울이 연잎을 적시지만 연잎에 묻지 않고 흘러간다.

물위에 떠있다 시피 서 있는 청순한 연잎

비가와도 물방울이 되어 젖지 않는 연잎

무엇이 그렇게도 물을 싫어 하길래

방울방울 물방울을 만들어 흘러 보내는가.

위는 빗방울과 연잎을 오래도록 관찰한 현상을 문학적으로 표현한 나의 글이다.

과학적으로는 연잎이 왜 그렇게도 물을 싫어하는가가 주제어가 될 것이다. 연잎 표면에 어떤 물질이 묻어 있는가, 즉 연잎 표면이 어떤 소수성(疎水性) 성분의 물질로 덮여있는가를 규명해야만 한다.

비가 오면 우리 주위의 모든 물체는 비로 젖어있는 것이 일반적이다. 즉 친수성(親水性)인 물체가 대부분이다. 연잎처럼 소수성(疎水性)인 물체는 매우 드물다. 나는 20대 후반과 30대 초반을 이 소수성과 친수성 문제에 파묻혀 오랜 세월을 보냈다.

소수성의 표면, 친수성의 표면은 어떻게 다른가. 소수성의 표면을 친수성으로 바꿀 수 있는가. 혹은, 친수성의 표면을 소수성으로 바꿀 수 있는가. 소수성 물질의 산업으로의 응용, 소수성의 측정 등등. 이와 같이 연구과제를 나열할 수 있지만, 소수성의 본질, 친수성의 본질을 규명하는 것이 연구의 중심을 차지하고 있었다.

과학적인 계측에 앞서 우리도 문학인들이 행하는 것처럼 자연현상의 세밀한 관측이 매우 중요하다. 앞의 빗방울과 연잎의 시적 표현은 소수성이 완벽한 자연현상의 세밀한 관찰을 말한다. 이러한 관측을 여러 가지 광물에 대해서 적용해 보았다. 다음 표는 화학식에 S(유황)가 포함된 광물(황화광물) 10종과, O_2 혹은 CO_3가 포함된 소위 비황화광물 2종을 선정하여 광물의 특성과 부유도를 조사한 것이다. 여기서 아주 간단한 초자기구를 이용하여 젖음성(wettability)과 자연부유도(natural floatability)를 조사하였으

〈표〉 광물의 특성과 자연부유도

	광물명	화학식	화학결합형	전기음성도에의한 이온성	젖음성 젖음높이(㎝)	자연 부유도
제1군	**유황** (Sulphur)	S	원자결합, van der waals 결합		0.8	100
	황동광 (Chalcopyrite)	$CuFeS_2$	원자결합, van der waals 결합		6.2	97.9
	방연광 (Galena)	Pbs	원자결합	이온성 18% 원자결합 82%	5.1	88.0
	휘안광 (Stibnite)	Sb_2S_3	원자결합	이온성 10% 원자결합 90%	5.8	83.5
	휘수연광 (Molybdenite)	MoS_2	원자결합, van der waals 결합		9.0	79.3
제2군	**황철광** (Pyrite)	FeS_2	원자결합		10.5	33.8
	백철광 (Marcasite)	FeS_2	원자결합		9.4	30.6
	섬아연광 (Zincblende)	ZnS	원자결합	이온성 22% 원자결합 78%	9.0	30.1
	자황철광 (Pyrrhotite)	FeS	원자결합		9.8	28.6
	유비철광 (Arsenopyrite)	FeAsS	원자결합		13.4	9.0
제3군	**방해석** (Calcite)	$CaCo_3$	이온결합	이온성 100%	18.7	0
	석영 (Quartz)	SiO_2	이온결합	이온성 100%	16.5	0

며, 젖음성이 적을수록 자연부유도가 높다는 것을 확인하였다.

연잎을 잘게 쪼개어(절단면의 특성을 무시) 기포가 발생하는 수조에 투입하면 연잎 입자는 모름지기 기포에 부착하여(물을 싫어하기 때문에) 부상할 것이다. 이러한 원리를 이용해서 발달한 것이 부유선별공학(Flotation)이고, 광물처리공학(선광공학)의 주된 프로세스이기도 하다.

표에서 알 수 있는 바와 같이 제1군은 모두 황화광물이고, 화학결합형이 원자결합과 Van der waals 결합형으로 구성되어 있다. 그리고 자연부유도가 매우 높은, 즉 소수성이 큰 광물들이다.

제2군은 제1군과 마찬가지로 모두 황화광물이지만, 원자결합만으로 되어있고 이온성도 어느 정도 함유하고 있다. 그리고 자연부유도가 제1군의 반값 이하로, 즉 소수성보다는 친수성이 큰 광물들이다. 제3군은 비황화광물(주는 산화광물)로, 이온성 100%의 이온결합형 광물들이다. 그리고 자연부유도 0으로 완벽한 친수성광물이다.

유황과 연잎은 소수성 100%의 표면을 가지고 있다. 황화광물에 소수성을 높이고 또는 친수성인 산화광물 표면을 소수성으로 바꾸려면 연잎표면과 같은 구조로 만들면 된다. 유황과 같은 결정구조를 만들기는 어렵기 때문에, 연잎 표면만을 탐색해 보자.

식물학백과사전에 의하면, '식물은 수분증발, 젖음성 및 수화(hydration)를 조절하기 위해 각피 표면에 왁스(wax)를 분비한다. 이 왁스는 긴 사슬의 지방족 탄화수소 복합체로 구성되어 있다.'라고 되어 있다.

그렇다. 광물표면도 소수성으로 바꾸려면, 연잎 표면처럼 탄화수소기를 광물표면에 흡착시키면 된다. 일반적으로 광물을 구성하고 있는 금속원자와 탄화수소기가 화학물을 형성할 수 있으면 소수성화가 이루어진다(화학흡착설).

예) pbs → $pb(C_2H_5OCSS)_2$ lead ethyle xanthate

$CaCO_3$ → $Ca(C17H_{33}COO)_2$ calcium oleate

우리는 이때의 탄화수소기염을 '음이온포수제'라고 칭하고 있다. 그러나 산화광물의 경우는 약간 복잡하며, 산화광물이 수용액 중에서 나타내는 정전기적 하전에 의하여 탄화수소기염을 선택해야 한다. 예로 SiO_2 미립자가 수용액 중에서 +(정)정전기로 하전되어 있을 때는 '음이온포수제'를 사용해야 되지만, 중성수용액에서는 −(부)정전기로 하전되어 있어 다음과 같이 '양이온포수제'를 사용해야 된다(물리흡착).

$SiO_2^- + C_{12}H_{25}NH_3^+Cl^-$ (dodecyl amine chloride)

$\rightarrow C_{12}H_{25}NH_3^+ \cdot SiO2^-$

한편, SiO_2(석영) 미립자는 수용액 중에서 수용액의 pH에 따라 하전을 달리하고 있다. pH 2.0 보다 높을 때는 부(−)로 하전되어 있고, pH 2.0 보다 낮을 때는 정(+)으로 하전되어 있다. 이때 pH 2.0을 우리는 등정점(iso−electric point)으로 칭하고 있으며, 간단한 전기영동측정장치로 측정할 수 있다.

재미있는 것은 같은 산화광물인 Al_2O_3(강옥)은 등정점이 pH 9.0으로 중성근처의 수용액에서 정(+)하전을 가지고 있다. 따라서 Al_2O_3 표면을 소수성화 시키기 위해서는 '음이온표수제'를 사용해야 한다.

같은 산화광물인 SiO_2와 Al_2O_3의 등정점이 왜 이렇게 다른가. 이 문제를 해결하기 위하여 남정석($Al_2O_3 \cdot SiO_2$), 홍주석

($Al_2O_3 \cdot SiO_2$), 규선석($Al_2O_3 \cdot SiO_2$) 세 광물을 시료로 사용하였다. 이 세 광물은 같은 화학조성을 가지고 있지만, 결정구조를 달리하고 있다. 소위 동질이상의 전형적인 광물이다.

이 세 광물의 계면현상(등정점, 부유도 등)을 조사하고, 결정구조의 모형을 제작하였다. 결정구조 모형으로부터 파쇄면을 추정하고, 파쇄면에 노출되는 원자의 종류와 배위(配位)를 조사하였다.

이러한 연구로부터 상기 5종의 광물, SiO_2, Al_2O_3 및 3종류의 $Al_2O_3 \cdot SiO_2$ 광물의 등정점의 pH는 표면에 노출한 금속원자의 하전량에 크게 영향을 받는다는 것을 알았다. 표면에 있어서의 금속원자의 평균 하전량이 크면 등정점의 pH가 산성 쪽으로 이행하고, 평균 하전량이 적으면 등정점의 pH가 알카리 쪽으로 이동하게 된다.

이 결론을 얻기 위하여 얼마나 고민하고 밤을 새웠던가. 결정구조 모형을 응시하고 있으면 시간가는 줄 몰랐다. 안동의 도산서원에 가면 퇴계 이황선생이 지구의 모형(지구본)을 만들어 천문학을 연구한 '지구위'가 남아 있다.

눈에 보이지 않는 세계를 마음에 그려보고 상상하기 위해서 얼마나 많은 시간 생각하고 고민하였을까. 그 당시의 퇴계 선생의 철

물방울과 연잎

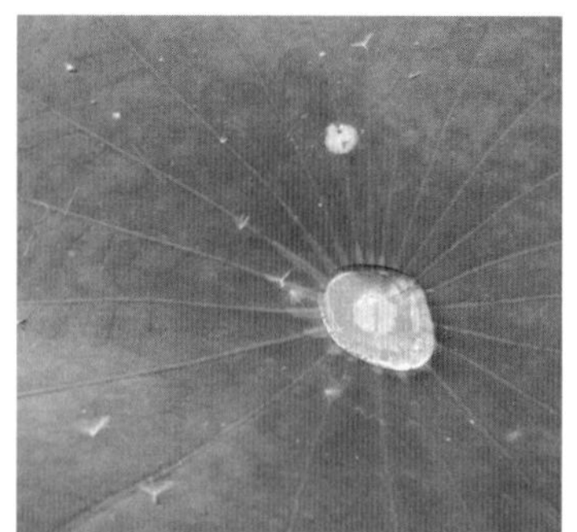

물방울이 연잎에 젖지 않고
물방울로 남아 있는 확대사진

학적 사색을 실감으로 느낄 수 있었다. 또 미국에서 공학박사를 철학박사로 호칭하는 이유를 이해할 수 있다.

내가 이러한 연구를 한 것은 1950년대 후반에서 1960년대 전반부 시대였다. 그 당시 우리나라는 6.25 동란 직후로 거의 폐허와 같았고, 일본도 가난하였다. 연구비를 얻기란 거의 불가능하였다. 내가 연구하는데 아주 적은 돈으로 이루어졌다.

콩나물도 건방진 놈은 누워서 자란다고 하지 않았던가. 연구비가 없어도 아이디어만 훌륭하면 얼마든지 연구할 수 있다. 다만, 아이디어가 출중해야 한다. 씨(종자)가 좋아야 많은 수확을 걷을 수 있다.

나는 여행할 때 또는 기행문을 쓸 때 역사적인 배경을 놓치지 않는다. 연구도 뿌리를 캐야만 직성이 풀린다. 젊었을 때, 가난할 때의 나의 연구가 부선(부유선별) 원리를 확립하는데 적지않게 기여했다고 자부하고 있다.

(2018년 12월 30일 기)

7

고(故) 사토쓰네미(佐藤常己) 군

7

고(故) 사토쓰네미(佐藤常己) 군

2019년 1월 16일 밤 센코(仙子) 부인으로 부터의 국제전화로 자네가 어제 이 세상을 하직하여 운명을 달리 하였음을 알았네.

2016년 6월 14일 와세다의 리-가로얄호텔에서 자네가 최후의 동창회를 주최하였을 시에는 매우 건강하였는데, 재작년 12월 말에 통화 시에는 자네 목소리가 힘이 없어 건강에 이상이 있음을 감지하였네. 그로부터 1년간의 투병생활 끝에 드디어 자네가 영구히 우리들 곁을 떠나고 말았네. 자네는 1930년생이니까 우리나이로 금년에 90이 되었고, 나보다 1년 아래였지.

돌이켜 보니 우리는 1950년 4월에 와세다대학 이공학부 광산학과에 입학, 클래스메이트가 되어 거의 70년이 되었네. 당시는 태평양전쟁의 폭격으로 학교 교사가 파괴되어 그 잔해가 군데군데 남아있었지. 입학 후 얼마 안 되어서 자네와 친하게 되었는데 어떤 계기로 자네와 가까워졌는가는 기억이 안 나네. 다만 70년이라는 긴 세월동안 우리는 정말로 즐거운 추억을 많이 간직하고, 기억하고 있네.

대학 2학년 여름방학 때 北炭 夕張炭鑛(호꾸탄 유바리탄광)에서 한 달간 실습을 하고 도쿄(東京)로 돌아가는 길에 山形, 天童(야마카타, 덴도)의 자네 고향집에 들러 수일간 신세를 졌지. 그리고 둘이서 짚신을 신고 주먹밥을 들고 명산 藏王(좌오) 등산도 하였지.

대학 3학년 겨울방학때는 둘이서 四國新居浜(시고쿠 니이하마)의 別子銅山(벳시동산)에서 광산실습을 하였지. 먼먼 東海道線(도카이도센)을 기차를 타고, 尾道(오노미찌)부터는 배를 타고 만 하루만에 別子銅山에 도착하였네. 즐거운 둘만의 여행이었지.

노두 조사부터 채광, 선광, 제련의 현장에서 40일간의 긴 실습이었어. 노두 부근에서는 '스미토모(住友)은행 발상지'라는 기념말뚝이 있었고, 안내자로부터 옛날 別子銅山의 경리과라는 설명을 들었네. 일본의 재벌이 모두 광산부터 사업을 시작한 것처럼 스미

토모재벌도 이 別子銅山으로부터 일어섰다는 것은 우리들은 다 알고 있는 역사 아닌가.

광업소의 숙소에서는 40일간의 룸메이트가 되어 침식을 같이 하였네. 밤에 자네는 명곡을 틀어 놓고 듣고 있었으며, 음악을 좋아하고 또 음악에 소양이 있음을 비로소 알게 되었네. 후일 동창회에서 자네의 볼륨 넘치는 노래를 듣게 된 것은 우연이 아니지. 일요일에는 숙소의 여자직원과 같이 넷이서 데이트한 일을 잊지 않았겠지.

졸업 후 자네는 대학원에 진학하여 석사과정을 마친 뒤 일본의 일류 건설회사 鹿島建設(가시마건설)에 취직하였네. 그리고 30여 년간 도쿄도(東京都)의 지하철건설에 종사하였으며, 정년 무렵에는 소장직을 맡아 일한 것을 알고 있네.

나도 졸업 후 4년간의 연구생활을 마치고 한국으로 돌아와 대학에 직장을 얻었지. 그로부터는 좀처럼 만날 수가 없었네. 돈까스로 유명한 긴자(銀座)의 어느 레스토랑에서 센코(仙子)부인과 셋이서 회식한 기억이 나네. 또 지금 살고 있는 요코하마(横浜)의 자네 집을 찾아가 초밥을 먹고 놀던 기억도 나네. 1958년부터 1992년까지

34년간에 이 두 가지 기억만을 남기고 있는 것은 자네가 낮 시간에는 항상 땅 밑으로 들어가 일한 탓도 있는 것 같네.

그러나 회사를 정년퇴임한 후부터는 동창회에서 22년간 매년 만났지. 1992년 10월에 내가 주관하여 서울에서의 동창회에 처음으로 참가한 자네 부부는 최초의 외국여행이라고 하였네. 외국여행은 고사하고 낮 시간에 겨우 땅위로 나올 수가 있었다고도 하였네. 자네 같은 사람들의 힘이 일본의 저력이 아니겠는가. 최근 노벨상을 받은 교토(京都)대학의 모교수가 수상을 위해 스웨덴에 가게끔 여권을 처음으로 신청했다는 이야기를 듣고 자네 생각이 떠올랐네.

2박3일이라는 세계에서 보기 드문 호화판 우리 동창회는 22년간 빠짐없이 매년 개최되었네. 자기의 고향에서 자랑할 수 있는 명소를 소개하고, 맛있는 맛집과 고급온천여관을 찾아 모두 교대 교대로 행복한 준비를 하였지.

1998년 10월에는 자네 고향 山形·天童에서 자네가 주관하여 야마데라(山寺), 藏王, 콘냐꾸반쇼(番所), 코케시박물관, 찌구센소(竹泉莊) 등 山形현 내의 이름있는 여러 곳을 찾았지.

1992년 10월 12일 등촌동 우리집 대문앞에서
뒷줄 왼쪽 두 번째 사토쓰네미 군, 앞줄 왼쪽 두 번째 사토센꼬 부인

이렇게 명소를 구경하고 맛있는 요리를 먹고 온천하면서 25명이 2박3일을 같이 보냈네. 한국에서는 1992년 서울, 2000년 제주도, 2008년 경주, 8년 간격으로 3회 내가 주최하였네. 1992년 서울에서의 동창회가 끝나고 모두가 공항으로 가는 길목에 등촌동 우리 집에 들렀지. 큰방에서는 부인들이 한국 고유의 떡을 먹으면서 담소하고, 거실에서는 후사무라 노부오(房村信雄) 교수와 같이 15명의 급우가 술을 마시면서 기염을 토하지 않았는가. 나는 이때의 추억과 감동을 지금도 잊을 수가 없네.

우리의 클래스에는 악동들이 많았네. 아침에 대학 교문 가까이 와서 마작집으로 새어버린 집단도 있었지. 악동들은 유대가 강하

2013년 5월 23일 와세다대학 연극박물관 앞에서(최후의 동창회)
앞줄 왼쪽 첫 번째 사토센고 부인, 앞줄 왼쪽 세 번째 사토쓰네미 군

지. 이해관계와 입신출세에 연연하지 않고 의리를 지키지. 이러한 기질이 동창회에 흐르는 분위기였지만, 우리부부는 자네부부를 만나는 것이 무엇보다도 큰 즐거움이었네.

1996년 가을동창회와는 별도로 자네부부를 서울로 초대하였네. 당시 나는 서울 지하철 철교의 부식 관련 프로젝트에 관계하고 있었는데, 자네로부터 이 프로젝트에 자문을 받기 위한 명목이었지. 그때 분당의 우리집까지 와서 차도 마시고, 또 네 사람이 경주 관광도 하였지. 마침 경주는 단풍으로 보문단지가 그럴 수없이 아름다웠네. 한국의 단풍은 일본의 단풍보다 색이 짙고, 선명하다고 자네가 칭찬하였지.

2013년 5월 23일 최후의 동창회가 우리들의 모교 와세다대학에서 개최하였네. 고령으로 체력이 쇠약해져 더 이상 동창회를 계속할 수 없다고 판단하였기 때문이지. 또, 동창회 운영에 적극적이었던 급우 우찌노(內野), 소마에(惣前), 쇼노(生野) 제군이 연달아 쓰러진 탓도 있지. 만일에 우찌노 군이 지금 살아있어 건강하다면 동창회가 틀림없이 계속 되었으리라고 자네도 나도 생각되지 않은가.

이 최후의 동창회에서는 자네가 간사를 맡아 인솔하느라 수고가 많았지. 5월 24일에는 도쿄 스카이쓰리에 올라가 여러분과 최후의 오찬을 한 후 드디어 동창회를 해산하고 말았네. 그 다음날 우리 부부 네 사람은 하코네(箱根)에 가, 해적선을 타고 아시노고(あしの湖)를 주유하고, 고라온천(強羅溫泉) 유끼쓰끼하나(雪月花) 여관에서 하룻밤을 같이 보냈지. 70년이라는 긴 세월에 쌓인 우정을 하꼬네에서 이렇게 마감하였네.

그런데, 내가 일본골재자원공학회 총회에 참석하기 위하여 2016년 6월 14일 도쿄에 체류 시, 자네가 동창들을 불러 모아 와세다의 그 호텔에서 정말 최후의 만찬을 또 같이 하였네. 면면 야마가타(山形)에서도 고찌(高知)에서 올라 왔지.

지금 내 침실에는 부인 센꼬(仙子)씨의 예술작품이 벽에 걸려 있기도 하고 장식대 위에 놓여있기도 하네. 또 센꼬부인이 만든 찻잔으로 매일 차도 마시고 있네.

우리는 70년간 서로가 외국인이라는 의식을 가진 적이 한 번도 없었던 것으로 생각되네. 둘이는 일본인이기도 한국인이기도 하였지. 집사람이 서툰 일본말로 과거 일본의 한국 식민지지배의 단편을 이야기 하였을 때 자네의 놀란 표정은 이만저만이 아니었네. 그러나 그것은 그것만의 이야기이고, 우리들에게는 아무런 문제가 될 수 없었지.

나도 최근에는 시력도 청력도 이상이 생기고 지팡이를 짚고 겨우 나들이를 하고 있네. 천수를 충분히 누렸으니 마음은 아주 평온하네. 알 수는 없지만 2~3년은 살아있을 것 만 같네. 그때 천국에서 다시 만나세.

사요나라.

(2019년 1월 22일 미명)

8

외증손녀 '서아야!'

8

외증손녀 '서아야!'

요새는 외증손녀 '서아'의 사진과 동영상을 보면서 하루가 지나간다. 1주일에 한두 번씩 그리고 한번에 10장 내외의 사진과 동영상이 휴대전화기에 카톡으로 날아온다. 연속적으로 10번 전후의 카톡소리가 울리면 틀림없이 '서아'의 사진과 동영상이다. 그동안 얼마나 컸는가. 예쁜 짓이 얼마나 늘었는가. 가슴을 두근거리면서 열어본다. 카톡이 울리지 않아도 수시로 핸드폰을 열어본다.

'서아'가 웃으면 따라서 웃고, '서아'가 울면 울음소리가 힘차 또 웃는다. 노할아버지와 노할머니가 이렇게 유쾌하게 같이 웃는 일은 옛날에는 없었다. '서아'가 어머니 뱃속에 들어서자 1㎝도 안 되는 '서아'의 형체를 초음파사진으로 찍어 보내왔다. 1㎝밖에 안 되는 형체에서 팔, 다리가 움직이는 것이 보인다고 한다. 믿기도, 안 믿기도 어려웠지만, 나는 이 사진을 본 후 사람의 나이는 출생하는 날부터가 아니고 어머니 뱃속에서부터의 나이로 정하여야 한다고 주장하게 되었다. 생명체로서 활동을 하니 당연히 사람으로서 인정해야만 맞다.

세상이 좋아 멀리 떨어져 있어도 '서아'가 커가는 모습을 소상이 알 수 있다. 머리를 가누지 못하였는데, 어느새 고개를 빳빳이 들고 사방을 두리번거리다. 우유병을 두발 사이에 끼고 입에 가지고가는 묘기를 부리더니 이제는 이유식을 먹으면서 환호성을 지른다.

내 아이를 길렀을 때부터 갓난아기가 세상을 익혀가는 과정을 보고 그 창조력에 감탄하였다. 한평생 독창적인 연구에 시달린 노할아버지보다 '서아'는 창조력이 훨씬 높은 행동을 하며 감정을 표출한다. 혼자서 앉고, 온방을 기어 다니더니, 손에 잡히는 것은 무엇이든 입으로 가지고 간다. 사람이 가지고 있는 본능인 식욕이 발동한 거다. 나는 대학 1학년 때 일본 나라현 고야산에 소재한 단식도장에서 1주일간 단식을 하였다. 단식하기 전 이틀 동안 죽을 먹고, 단식이 끝나면 10일간 또 죽을 먹은 후 밥을 먹게 된다. 1주일

외 증손녀 "서아"야

오늘 2019년 정월 초하루
네 나이 4개월하고 보름
90년 세월이 묻어있는
노 할아버지 품에 안기어
편안한 표정, 만족스러운 미소
수정같이 맑은 눈동자
비단같이 부드러운 피부
네 얼굴을 보고 또 본다.

간의 단식이 끝난 첫날 접시에 바르다 시피 한 미음 같은 1부죽이 지급되었다. 나는 이 죽 접시를 두 손으로 받들고 절을 몇 번이나 한 뒤 혀로 접시를 빨다시피 하였다.

인간 본능 중 식욕처럼 강한 것은 없다. 소유욕, 명예욕, 성욕 등도 식욕에 비하면 아무것도 아니다. 근 한 달간의 단식 행사 중 나의 머리는 온통 '비빔밥'으로 늘 가득 차 있었다. '서아'의 머릿속에도 먹는 것이라는 본능만이 있을 것이다.

'서아'는 지금 붙들고 일어서고 있다. 곧 걷게 되고 달음박질도 하게 될 것이다. 나도 요새 붙들고 바닥에 앉고, 또 붙들고 겨우 일어선다. 그래서 의자, 침대 생활을 하고 있다. 바닥에 앉는 식당에

외 증손녀 "서아야!"

오늘 2019년 5월 초하루
네 나이 8개월하고 보름
멀리 멀리 내다보는 너의 시선
무엇이 머릿속에 그려져 있길래
그렇게 뚫어지게 보고 있는가
가슴에는 무엇이 담겨있길래
그렇게 굳게 입술을 다물고 있는가
청아한 네 얼굴에 비치는 엷은 미소

는 가지를 않는다. '서아'와 역 코스를 가고 있다. 걷는 것 보다 서 있는 것이 편하고, 서있는 것 보다 앉아있는 것이 편하고 누워있는 것이 더욱 편하다. 그래서 나중에는 누워서 이유식 같은 미음을 받아먹게 될지 모른다.

기다리던 봄이 훌쩍 지나가고 초여름이 되었다. 분당 중앙공원에 녹음이 우거지고 있다. 오늘 5월 5일 「어린이날」이다. 이제 중앙공원으로 행차하여 광장과 잔디공원을 메우고, 뛰놀고 즐거워하는 어린이를 보면서 노할아버지의 마음을 달래볼까 한다. 또 오늘이 지나면 어린이날을 어떻게 보냈는가 하는 '서아'의 사진과 동영상이 날아오겠지.

(2019년 5월 5일 기)

9

장수의 비결

9

장수의 비결

작년 어느 석상에서 고등학교 후배인 서울대학교 L 명예교수가 나의 건강관리법을 자기한테만 비밀로 이야기해 달라는 것이다. 비밀로 할 만한 이야기꺼리가 없을 뿐 아니라, 특별히 건강관리를 한일도 없기 때문에 여러분 앞에서 웃으면서 "운이 좋아서 병에 걸리지 않아 지금껏 살아 있다고"만 이야기 하였다.

등산멤버를 포함해서 내 주위의 친구들이 모두 병으로 이 세상을 하직하였다. 대부분 암이었다. 김신조라 별명이 붙어 있는 우리 '좋구나산악회' 김 총무는 그렇게 체력이 강인할 수가 없었다. 몇 십 년 동안 주말등산을 한 번도 빠진 일이 없거니와 김신조 같이 산을 날아다녔다. 그런데 어느 날 등산 하산길 중간지점에서 모두 쉬고 다시 출발하려고 일어서는데 김 총무가 일어서다가 팍 주저앉았다. 얼굴이 창백하였다. 나중에 안 일이지만 이때는 간암이 많이 진행한 상태였다. 미련하게 자기 체력만을 믿고 신체 이상을 참아가며 무리하게 등산을 감행하였다. 아무리 장사라도 병에 이기는 사람은 없다.

나는 그동안 운이 좋아 병에 걸리지 않았다. 그렇다고 병을 예방할 수 있는 것도 아니다. 4년 전 여름 강남세브란스 병원에서 종합검진을 받았다. 전립선이 좀 이상하니 비뇨기과에서 정밀검사를 받는 것이 좋겠다는 의견이 첨부되었다. 그래서 신촌 세브란스병원 비뇨기과에 하루 입원하여 조직검사를 하였다. 결과는 전립선암이며 수치가 9이고, 2~3기에 해당한다고 하였다. 의사는 수술을 권했다. 고령인데도 나의 체력으로는 수술을 받을 수 있다는 것이다. 수술을 안하고 약물치료만으로는 몇 년 더 살 수 있는가 하고 물었더니 잘하면 5년은 살 수 있다는 것이다. 5년 더 살면 더 바랄 것도 없고 또 5년 안에 다른 병으로 죽게 될 확률이 많으니 수술은 안 받겠다고 강하게 나의 의지를 말하였다. 의사는 매우 아쉬워하였다. 내년 여름이면 시한부 5년이 된다.

한편, 주치의의 양해 아래 4년 전부터 한약을 먹었다. 전립선암이라는 판정을 받은 직후 퇴계로에 소재한 배원식 한의원을 찾았다. 내가 존경한 배원식 선생님은 15년 전에 돌아가시고 지금은 수제자 이 박사가 대를 잇고 있다. 이 박사는 내 병을 낫게 하겠다고 장담을 하였다. 배원식 선생님이 작성한 비방록(秘方錄)을 꺼내어 그대로 약을 지어주었다. 처음에는 4제를 연달아 먹고, 지금은 춘추로 1제씩 1년에 2제를 먹고 있다.

우리 가족은 오랜 세월 배원식 선생님의 단골로, 약을 지어다 먹었다. 그런데 배원식 선생님 생전에 나는 한 번도 선생님 약을 먹어본 일 없다. 항상 맥만 짚어보시고 "오 교수는 보약이 필요 없어"라고 하셨다. "대학교수가 무슨 돈이 있어, 여유가 있으면 부인 약이나 지어줘"라고 하셨다. 이제야 배 선생님 약을 톡톡히 먹게 되었다. 그 덕택이라고 확언할 수는 없지만 하여튼 6개월마다 받는 정기검진에서 항상 정상이라는 판정을 받았다. 수치가 매번 0 아니면 마이너스였다.

동료 C교수는 "사람은 태어나서 10년, 죽기 전 10년이 중요하다"고 늘 강변하고 다녔다. 그러던 그가 죽기 전 10년은 매우 불행하였다. 「금속변태학」에서는 우리나라에서 자타공이 인정하는 제1인자로, 우수한 많은 논문을 발표하고, 또 많은 제자를 길러냈다.

딸 넷은 모두 수재였다. 서울대학교와 연세대학교를 졸업했다. 늦게 본 아들도 중학교 때 1,2등을 하였다. 그 아들이 고등학교에 진학하자 갑자기 정신이상이 나타났다. 사춘기의 정신질환자는 치유가 어렵다고 알려져 있다. 청천벽력과 같은 정신적 충격에 2개월간이나 몽유병자처럼 전국을 배회하였다.

겨우 마음을 추슬러 일상생활로 돌아왔으나, 이번에는 본인의 건강에 이상이 나타났다. 파킨슨병이었다. 아끼던 동료 후배 교수였고, 또 수십 년 간 등산멤버였으니, 내 심정 비할 바 없다. 죽기 3개월 전 그가 입원하고 있는 인천의 인하대학병원으로 문병을 갔다. 코로 입으로 목으로 주렁주렁 호스를 꼽고 얼굴은 해골과 같이 바뀌어 있었다. 이다음 올 때에는 우리 같이 연안부두에 가 가자미회를 실컷 먹자고 이야기하였더니 좋아서 늘 하던 버릇처럼 너털웃음을 한 입가가 떨리고 있었다. 이렇게 정신적으로 육체적으로 고생하다가 그는 5년 전 79세를 일기로 세상을 등졌다. 그가 강조했던 죽기 10년 전은 정말 안타까웠다.

그의 죽음 후 나는 죽기 전 10년이 무탈하기가 얼마나 어려운가를 실감하였다. 본인이 건강할 뿐 아니라 가족 구성원 한 사람 한

사람이 다 건강해야 한다. 그리고 모두 생활이 안정되고 변고가 없어야 한다. 이렇게 되기 위해서는 운이 좋아야 하고, 노력도 해야 하고 또 운명이 뒷받침해주어야 한다. 이러한 종합적인 결과가, 힘이, 죽기 전 10년의 행, 불행을 좌우한다.

낳아서 10년은 전적으로 운명에 좌우된다. 내 힘으로 되는 것이 아니다. 내가 일제 강점기에 태어나서 일본인이 세운 초등학교에서 일본말을 배우고 일본인 행세를 한 것은 운명이라고 할 수 있다. 초등학교 입학한 그 해 봄에 어머니가 별세하셨다. 대학생일 때 술만 마시면 어머니가 보고 싶어 잘 울었다. 이것도 나의 운명이라고 할 수 있다. 이것 말고는 낳아서 10년간은 행복하였다. 아버지가 대지주였기 때문에 일제 때도 부유한 생활을 할 수 있었고, 또 형님, 누님들의 지나칠 만큼의 사랑을 받았다.

자, 이제 죽기 전 10년을 이야기할 차례이다. 나의 가족은 아들 식구 4명, 딸 식구 4명 그리고 우리부부, 모두 10명이었다. 몇 년 전 외손녀가 결혼해서 11명이 되었고, 그 외손녀가 작년 8월 딸 '서아'를 낳아서 지금은 총 12명이다. 12명이 모두 건강하다. 포동포동한 '서아'는 예방접종 말고는 병원을 모르는 귀염둥이다. 50년 전 아버지는 80세 때 돌아가셨다. 병으로 돌아가신 것이 아니고 노환이었다. 그 당시 80이면 매우 장수하신 것이다. 셋째 형님은 93세로 돌아가셨다. 넷째 누님이 지금 요양병원에 계신다. 94세이다. 지난 2월 말 아들과 집사람과 셋이서 문병 차 누님이 계신 부산의 요양병원을 다녀왔다. 거동은 불편해도 모두 정상이고 특히 기억력은 대단하셨다. 우리 집안의 내력을 소상이 알고 이야기해줄 수 있는 분은 누님뿐이다.

이렇게 우리 가문은 건강을 타고났다. 운이 좋아서 병에 안 걸려 오래 살고 있다고 전술하였다. 이 '운' 속에 건강한 DNA가 우리 집 가계에 잠복하고 있는 게 아닌가 싶다. 그리고 나는 이 '운' 속에 '스트레스'라는 인자도 포함시키고 싶다. 심한 '스트레스'를 받으면 중병에 걸리는 예를 내 주위에서 많이 봐왔기 때문이다.

나는 다행이 분당생활 25년에 별로 스트레스를 받은 일이 없다. 스트레스가 없다는 것은 즐겁게 살고 있다는 것이다. 자식들은 직장이 튼실하기 때문에 생활이 안정되어 있어 자식걱정을 안 해도 된다. 나도 연금을 받고 있어 자식들에게 부담이 되지 않는다. 고령의 부모가 걱정되겠지만, 도우미 없이 집사람과 둘이서 오순도순 잘 살고 있다. 연세대학교를 정년퇴임 후 강남에 소재한 학회 사무실에 매일 출근하여 25년을 한결같이 즐겁게 일을 하고 있다. 와세다대학의 은사 후사무라 노부오(房村信雄) 교수는 "젊어서 열심히 많은 일을 한 사람은 늙어서도 일거리가 많다"고 하였다.

분당에는 이웃이 없고 글감이 없어 분당생활 25년이 객지 같다고 표현한 적이 있다. 그러나 서울에서 분당으로 들어서면 고향마을에 온 것 같은 포근함을 느낀다. 외국에서 돌아오는 비행기속에서 분당에 가면 돌아갈 수 있는 내 집이 있고, 강남에는 출근할 사무실이 있다는 것을 얼마나 뿌듯하게 느꼈는지 모른다. 집에서는 중앙공원이 보이고, 강남 사무실에서는 인수봉, 백운대, 보형봉, 북한산의 연봉이 한눈에 들어온다.

나는 이제 죽어도 좋고, 살아도 좋고, 아파도 좋다는 나이라고 주위에 말하곤 한다. 만일에 내가 지금 이 시점에서 죽게 되면 죽기 전 10년, 아니 25년이 틀림없이 행복했다고 말할 수 있다. 그리고 이 글이 서울대학교 L명예교수에게 내가 90세까지 활동하고 장수한 비력에 대한 좀 더 구체적인 답변이 되었으면 좋겠다.

(2019년 5월 12일 기)

10

부산 2박 3일

10

부산 2박 3일

● *2019년 5월 15일*

15시 30분 KTX 부산역에 도착, 크라운하버호텔에 체크인을 하고 택시로 바로 영도에 있는 국립한국해양대학교로 향하였다. 내일 이곳에서 한국자원리싸이클링학회의 춘계 임시총회와 제52회 학술대회가 개최된다.

넓고 육중한 부산대교를 질주하니, 우측에 옛날의 개폐식 영도대교가 조그맣게 보인다. 영도가 섬이라고 생각하는 시대가 아니다. 부산항대교와 남항대교로도 육지와 연결되어 있다. 서울의 강북과 강남보다도 더 가깝게 영도와 육지가 연결되어 있다.

부산은 항구도시답게 바다 위로 다리가 발달하고, 다리 위를 씽 씽 달리는 자동차의 모습이 활기찬 부산을 보여주고 있다.

최근 나는 우연히 영도의 옛 모습을 담은 두 권의 책을 읽었다. 하나는 우리나라 성악가로 명성이 높은 이인영(李仁榮) 서울대학교 명예교수가 저술한 이인영 회상록 '빛과 사랑의 노래' 이다. 이 책에는 다음과 같은 글이 있다.

내가 살던 곳은 부산 앞바다에 떠 있는 영도이다. 일제 때는 목도(牧の島)라고 불렀고, 내가 태어날 때는 영도철교가 건설 중이었다. 인구가 적었고, 넓은 보리밭에 초등학교도 하나, 교회도 하나인 섬이었다. …중략. 엄청나게 큰 영도철교가 완성되자 거대한 중공업, 조선소 등 큰 군수공장이 속속 건립되고 전국에서 조선인 노무자가 밀려왔다. 넓은 보리밭은 사라지고 말았다. 사람이 많아지니 초등학교 교사를 증축하고, 2학급이었던 한 학년이 4학급 또는 5학급으로 늘어났다. 팔도 사투리가 교실에서 오가며 웃음을 자아냈다. 이 영도는 일제 치하에서는 대학생이 없었고, 일본의 고등상업이나, 대구의전, 서울의 전문학교에 진학하는 형들이 5,6명뿐이어서 선망의 대상이었다.

이인영 교수님은 나하고 동갑이니까 1929년생이다. 그러니까 위의 글에서는 8.15 해방 전 15년간의 영도의 모습을 기술하고 있다.

또 하나의 책은 버락 오바마 전 미국 대통령이 추천한 소설 '파친코'이다. 이 책은 한국계 미국 작가 이민진이 저술한 것이며, 1930년대 초 부산 영도에서 오사카로 건너간 재일교포들의 삶이 4대에 걸쳐 펼쳐진다. 어디에도 속할 수 없는 이방인의 분노와 슬픔이 담겨져 있다.

주인공 선자의 아버지는 부산 영도에서 태어났고, 1910년 조선이 일본에 합병되던 해 27세였다. 선자가 오사카로 건너간 것은 1933년이며, 19세 때였다. 이 책에서는 1910년부터 1933년까지의 가난한 영도의 삶과 자연, 그리고 일본인의 행패가 그려져 있다.

두 권의 책은 일제 강점기 36년간 영도가 어떠했는가, 그 역사의 단편을 추상하게 한다. 100년 전의 영도, 70년 전의 영도를 생각하는 동안 택시는 해양대학교 캠퍼스 안으로 들어왔다. 영도의 새끼섬 조도(釣島)를 독차지하고 있다.

해양과학기술대학관에서 에너지자원공학과 유경근 교수가 기다리고 있었다. 내일 행사의 접수처, 총회 장소, 학술발표 장소 등을 점검하였다. 민지원 실장과 같이 행사장소를 점검하는 이 일은 20여 년간의 관례로 되어있다. 유경근 교수답게 준비는 완벽하였다.

다음은 유경근 교수의 연구실을 견학하는 일이다. 이 건물에 유 교수 대학원생의 책상이 놓여 있는 방이 있고, 그 옆방이 자원처리 연구실이었다. 또 이 건물과 조금 떨어진 곳에 종합연구관이 있고, 그 안에 습식제련연구실, 건식제련연구실이 있다.

기본적인 기기 또 최신기기가 비치되어 있어 연구하는데 어려움이 없을 것 같다. 이렇게 연구실을 꾸미게 될 때까지 유 교수의 노력과 분투가 얼마나 많았겠는가. 그 고생이 짐작된다. 연구기기와 장치는 옛날과 비교할 수 없을 만큼 좋아졌지만, 연구실 구성은 40~50년 전 연세대학교 내연구실과 많이 닮은 것 같다.

내가 오래 사니까 이 해양대학교를 다 와보는구나 싶었다. 해양대학교하고 나하고는 아무 인연이 없는 것으로만 생각하였다. 그 해양대학교에 20년 전 자원공학과가 생기고, 10년 전 유경근 교수가 부임함으로써 우리 학회와 끈끈한 유대관계를 가지게 되었다. 누가 이렇게 될 것이라고 예상하고 점쳐보는 이가 있었겠는가. 유경근 교수는 제자육성, 연구업적, 학회활동 어느 하나 빠지는 것이 없다.

해양대학교의 역사를 잘 모르지만 내가 중학생시절에도 해양대학교는 있었다. 나의 친한 급우 하련근 군이 중학 4학년을 마치고 1947년 해양대학교에 진학하였다. 그때 해양대학교가 이 자리에 있었는지, 혹은 군산 또는 목포에 있지 않았는가 싶기도 하다. 밤에는 광안리 바닷가의 회센터 궁전횟집(051-759-2077)에서 우리 학회를 위하여 평소 애쓰신 회장단 회식에 참석하였다.

● *2019년 5월 16일*

학회지(학술지)를 출판하고, 학술발표대회를 개최하는 것은 학회가 해야 할 기본이다. 이 일을 하기 위해 학회 임원이 있고, 사무국이 있다. 대학교수 및 대학원생, 그리고 연구소 연구원은 학술발표대회에서 심혈을 쏟아 연구한 결과를 발표하고 그 결과를 다듬어서 학회지에 투고한다. 이러한 일을 반복하는 것이 연구자의 일생이다.

나는 60년 넘게 이렇게 살아왔다. 내가 고생고생해서 연구한 결과를 연구 동료 청중들에게 발표하고, 어필하고, 또 여러분에게 관심을 갖게 할 때 얼마나 기쁘고 흐뭇하고 자랑스러웠던가. 이 맛으로 고생한 보람을 찾았던 것 아닌가. 사실 각자가 오늘 발표한 내용은 우리나라에서, 아니 세계에서 내가 제일 먼저 발견한 것이고, 나만이 알고 있다는 자부심을 가져도 좋을 일이다.

이러한 제52회 학술발표대회가 오늘 한국해양대학교 해양과학기술대학관에서 개최되었다. 오전 중에는 11편의 구두 발표가 있었고, 오후에는 '자동차 리유스, 리싸이클의 국제비교'라는 특별 심포지엄과 '이산화탄소 저감을 위한 탄소광물화'라는 특별 세션이 있다. 양쪽 모두 8편씩의 구두 발표가 있다. 그리고 42편의 포스터발표가 있었다.

나는 평소 포스터 발표 수 보다는 구두 발표 수가 많았으면 하는 바람을 가지고 있었다. 자기의 연구성과를 강조하고 어필하기 위해서는 구두 발표가 훨씬 효과적이기 때문이다. 전해의 포스터 발표 내용을 발전시켜 금년에는 구두 발표로 이어지고, 이 구두 발표 내용을 좀 더 연구하고 다듬어서 학회지에 투고해 주기를 바라고 있다. 이것이 자기 자신의 연구업적을 축적하는 길이고, 우리학회 학회지를 충실히 하고, 또 학회를 발전시키는 길이다. 늙은이가 옛날이야기를 하는 것은 금물로 되어 있지만 옛날에는 포스터 발표라는 것은 아예 없었다.

Hobby Science(취미과학)이라는 말이 있다. 가장 관심이 있는 연구 제목을 취미처럼 꾸준히 수행하라는 말과 같다. 그러기위해서는 프로젝트나 연구용역 과제와 관계없이 퇴근 후 2시간, 또는 아침 출근 전 2시간을 할애해서 취미처럼 그 연구를 계속하다 보면 나도 모르는 사이에 그 분야의 대가가 될 것이고, 논문이 쏟아질 것이다. 프로젝트만 하다가 그 보고서가 금고나 창고에 보관되고, 잠만 자고 있어서는 연구인생이 너무 허무하지 않은가.

오후 2시부터 전술한 바와 같이 '자동차 리유스·리싸이클의 국제비교'라는 특별 심포지엄이 있었다. 여기서 내가 좌장을 맡았다. 30년 가까이 자동차 리싸이클링 연구를 해왔고 2권의 저서를 출판하였다. '오재현의 자동차 리싸이클링 기행(2003년)'과 '자동차 리싸이클링 산업의 발전(2015년)'이다. 또 일본의 자동차 리싸이클링 연구 대표주자 토가와겐이찌(外川健一) 교수와는 아버지와 아들 같은 나이차이가 있지만 20년 넘게 자동차 리싸이클링 연구 동료로서 지식을 공유하고 연구를 서로 도왔다. 外川 교수의 연구팀이 최근 3년간 표기제목의 연구성과를 오늘 이 자리에서 발표했다.

이러한 인연과 자부심으로 고령을 무릅쓰고 좌장을 맡았다. 만

용에 가깝다고도 할 수 있다. 다행이 일본에서 온 6인의 발표자는 개인적으로도 잘 아는 사이다. 그리고 첫 주자와 마지막 주자는 우리나라 연사로 채웠다. 첫 주자는 선별의 독보적인 업적을 이룬 KIGAM의 전호석 박사, 후자는 재제조산업에서 역시 독보적인 부산대학교의 목학수 교수이다. 내가 목학수 교수를 존경하게 된 것은 그가 20년 넘게 자동차의 재제조산업을 꾸준히 연구하고 있고, 또 업계사람을 모아 재제조 연구 세미나를 매년 개최하고 있기 때문이다.

행사 시작 전 목학수 교수로부터 '따스함은 그리운 바람이 된다'라는 그의 시집을 받았다. 행사 막간에 그의 시집을 읽어 보니 쉬우면서도 감동을 주고 설레임을 준다. 공학자 목학수 교수가 이렇게 아름다운 시를 쓴다는 것을 처음 알았다.

일본 동북대학(東北大學) 유정수 교수와 靑南商事 安東元吉 사장의 도움도 있고 해서 심포지엄은 무사히 끝나고 나의 좌장역도 한치의 실수도 없이 마무리 하였다. 좌장을 맡아 진행 중, 일본의 야마자키 데이이찌(山崎貞一) TDK 상담역 생각이 떠올랐다. 페라이트 자석으로 유명한 타케이 타케시(武井 武) 교수의 수제자 야마자키 데이이찌는 세계적으로 유명한 페라이트 자석회사 TDK를 키우고 지금은 상담역을 맡고 있다. 1992년 타케이 교수가 사망 후 山崎貞一 → 杉本光男 순으로 타케이 교수의 유업 인 ICF(International Conference of Ferrite)와 武井세미나를 가꾸고 있다.

좌장으로서 심포지엄을 진행시키고 있는 필자의 모습

1998년 7월 중순 나는 武井세미나에 참석했다. 매년 7월 중순, 별장지로 이름 높은 가루이자와(輕井澤)에서 일본 페라이트연구의 기수 100명 내외가 비공개로 1박2일간 세미나를 개최한다. 이번이 18회째이다. 나는 이 세미나에서 처음으로 야마자키 데이이찌(山崎貞一) 상담역과 만났다. 만 89세였다.

그는 약간 불편한 노구를 이끌고 한 시간 정도의 특별강연 좌장을 맡아 훌륭하게 수행하였다. 또 세미나 중 맨 앞줄에 앉아 진지하게 듣고 있었다. 강연을 열심히 청취하는 자세, 좌장으로서의 적절한 코멘트, 인간이 도달해야 될 겸허하고 모범적인 인간상이고, 고결한 인품이었다. 이로부터 4개월 후 1998년 11월 20일 그는 만 89세를 일기로 보살같이 조용히 세상을 떠났다.

숨을 거두기 이틀 전까지도 TDK로 나와 오랫동안 수고했다고 여비서를 초대해서 오찬을 같이했다고 한다. 내가 오늘 좌장을 맡으면서 유달리 山崎貞一 상담역을 상기한 것은 그때 그의 나이가 지금 내 나이와 비슷했기 때문이 아닌가 싶다.

● 2019년 5월 17일

오늘은 관광을 하는 날이다. 학술발표대회가 끝나면 그 이튿날은 지원자를 모아 그 지방의 산업시찰 또는 문화관광을 해왔다. 나는 이 행사에 불참한 일이 없다. 릴렉스한 기분으로 그 지방의 자랑거리를 탐색하는 즐거움도 있거니와 참가한 회원과의 느긋한 대화도 할 수 있고, 친목도 가질 수 있기 때문이다.

어제는 오랜만에 회원들을 만나니 즐거웠고, 그래서 너무 분주하였다. NEVEN 국만호 사장, 도시광산협회 염운주 회장 등 평소 만나서 많은 이야기를 나누고 싶은 분들이 심포지엄 자리를 끝까지 지켰지만, 원체 바쁘신 분들이라 간친회에서는 모습을 볼 수 없었다. 바다가 잘 보이는 교수식당에서 100여 명의 회원이 오순도순 간친회를 가졌고, 부산의 명물 '자갈치시장'을 향하여 2차 팀들이 끼리끼리 떠나면서 어둠이 짙어지기 전 모두 헤어졌다.

오늘 아침 9시, 크라운하버호텔 로비에 일행이 모였다. 김준수, 박형규 전 회장, 이번 행사의 준비위원장인 유경근 교수, 사무국 민지원 실장, GRM의 이민한, 이대희 사원 그리고 어제 특별심포지엄에서 '아세아에 있어서 HV 배터리 재사용과 리싸이클링 현황'을 발표한 일본 中央大學 사사키 소(佐々木 創) 준교수, '말레이시아에서의 트럭 재제조산업'을 발표한 일본 熊本大學 토가와겐이찌(外川健一) 교수, 外川교수의 고등학교 20년 후배인 요시다요코(吉田 葉子)씨 그리고 일본말을 유창하게 구사하고 애교만점인 가이드, 이렇게 총 11명이다.

제일 먼저 방문한 곳은 기장군(機張郡)에 소재한 해동용궁사(海東龍宮寺)이다. 고려 공민왕 때(1376년) 창건되었다고 한다. 바닷물이 넘실거리는 연장선상의 바위 위에 건립되어 있다. 절은 산 속 정적 속에서 수도하는 곳으로만 생각했는데, 이곳 해동용궁사는 바다를 향해서 열려있다. 파도소리와 더불어 세계를 향해서 마음을 열고 수도할 때 세계 방방곡곡에서 벌어지고 있는 추악한 인간의 본성이 무엇인가를 고민했으면 한다.

이곳에서 GRM의 최차실 사장이 합류하였다. 사장님답게 이곳 근처의 힐튼호텔에 유숙했다고 한다. 최 사장은 춘추학회 때마다 참석하여 구두 발표를 열심히 듣고, 포스터 발표도 일일이 들여다보는 학구파이다.

2011년 7월 27일 내가 일본 東北大學 中村 崇 교수 일행을 모시고 강연 차 온산 동제련소를 방문하였다. 그때 최 사장이 제련소 소장이었다. 7월 28일에는 단양 GRM으로 왔다. TSL로가 건설되어 힘든 시운전 단계였다. 이 TSL로는 동계 금속스크랩의 리싸이클링 혁신이 기대되는 장치였다. 세미나에서 주은복 부장이 주축이 된 건설팀과 열띤 토론을 벌였다. 中村 교수는 사원의 열정과 우수성에 놀랐다. 일본보다 수준이 훨씬 높다고 하였다. GRM에 최 사장이 부임하여 어려운 고비를 극복하고 당초 목표였던 매출고 2,000억원을 달성하였다.

나는 최차실 사장과 같은 우리 학회 회원이 많으면 얼마나 좋을까하는 생각이 간절하다. 학회는 산업계와 긴밀한 유대를 가지

해동용궁사에서 外川健一 교수와 같이

고 발전해야 한다. 또 산업계는 학회의 우수한 인재의 지식을 흡수해야 한다. 다음은 일본 東北大學에 '금속재료연구소'를 건립하고 초강력자석강인 'KS강'을 발명한 혼다고타로(本多光太郎, 1870~1954) 박사의 말이다.

학문이 있는 곳에 기술이 육성되고, 기술이 있는 곳에 산업은 발전한다. 산업은 학문의 도장이다.

버스를 타고 이곳에 오면서 外川健一 교수가 Used Car report라는 일본 자동차사정협회(自動車査定協會) 2019년 4월호의 뉴스레터를 읽어보라고 건네주었다. 이 뉴스레터의 1~2페이지에 '중고

차와 사용이 끝난 자동차 사이에'라는 外川 교수의 유니크한 논설이 실려 있다. 外川 교수는 주에 3번(3일) 투석을 하는 2급 장애인이면서, 초인간적인 활동을 하는 독종이다. 자동차 리싸이클링 연구에 있어서는 자타 공히 인정하는 일본의 제 1인자다. 어제 특별 심포지엄에서 발표한 外川 교수 연구팀 6인은 금년부터 또 3년간 '중국의 자동차 리싸이클링'이라는 제목으로 연구가 잡혀있다. 外川 교수를 닮아서 모두 독종에 가깝다. 어제 좌장을 맡아 진행하면서 놀란 것은 유정수 교수 이외에는 모두 경제학과 교수들이다. 外川 교수는 법학과 교수이지만, 전공은「경제지리학」이다.

우리를 태운 버스가 해운대 동쪽 언덕의「달맞이 고개」에 정차했다. 가이드에 의하면 부산서 제일가는 명소라고 한다. 달밤에 와서 그 진가를 체험해 보고 싶다. 바다를 주제로 한 오늘의 마지막 관광지「해운대 백사장」으로 왔다. 백사장의 언저리에는 100층이 넘는 아파트가 하늘을 찌르고, 바다 멀리「오륙도(五六島)」가 희미하게 보인다. 8.15 해방 전 이곳에는「해운대 기차역」이 있었고, 바로 역 앞에「해운대 관광호텔」이 있었다. 그때는 이 호텔에 온천이 나왔다. 그 이외에는 백사장 외에 아무것도 없었다. 이 호텔에서

「五六島」라는 시를 읊은 소설가 이광수(李光洙) 생각이 난다. '앉으면 육도(六島)이고, 누우면 오도(五島)이다' 라는 문구가 들어간 시였는데, 더 이상 복기가 안 된다.

오후 1시, 부산 KTX역 남쪽에 소재한 식당 「해금강」에서 이별의 오찬을 가졌다. 해물파전과 돌솥비빔밥이다. 外川 교수를 보호 차 따라 온 요시다 요코(吉田 葉子)씨는 대담하게 맥주도 잘 마시고 얼마나 맛있게 식사를 하는지 모르겠다. Metal Solution Provider(회사명)의 sales manager인 그는 세계를 무대로 뛰어다니는 Miss이다. 미국 North Dakota주에서 대학을 다녔다는 그는 방랑끼가 다분히 있다. 재미있는 것은 그의 회사는 사무실과 창고

식당 「해금강」에서, 시계방향으로 이민한, 민지원, 吉田葉子, 오재현, 김준수, 박형규, 佐々木創, 外川健一, 이대희, 유경근

밖에 없다.

이 창고 속에는 세계에서 수집한 금속스크랩이 들어있고, 또 세계로 나가는 일본의 금속스크랩이 들어있다고 한다.

마지막까지 행사를 지켜준 유경근 교수의 작별인사를 받으며, 3시 30분 출발의 수서행 KTX에 올랐다. 곁에는 항상 민지원 실장이 있어 든든하다. 부산은 내일부터 비가 온단다.

(2019년 5월 20일 기)

11

미래(2100년대)의 분당

11

미래(2100년대)의 분당

11시경, 분당중앙공원 산책에 나서는 것이 평소의 관례이다. 나무 그늘만을 밟고 걸으니 한여름 정오의 더위도 무섭지 않다. 중앙공원 세장산(世葬山) 산길도 녹음으로 그늘 밑으로만 움직이게 하니, 두 손에 지팡이를 짚고 네발로 산에 오르는데 익숙해져 있다. 산중턱 쉼터의 의자에 앉아 산들바람을 맞는 즐거움은 각별하다. 그래서 여름철도 있을만하다.

이렇게 두 시간의 산책을 마치고 집으로 돌아오는 길에 점심 먹거리를 사오곤 한다. 그런데 오늘(6월 23일 토요일)은 오후 5시가 좀 지나 중앙공원 산책길에 나섰다. 나무 그늘이 길게 늘어지고, 햇빛이 많이 비치고 있지만 지상의 온도를 높이는 위력은 없어졌다. 늘어진 그림자가 힘없는 자의 애처로운 모습을 닮고, 나이 많은 늙은이의 신세와 같다. 곧 그림자조차도 없어질 테니.

분당천을 따라 북쪽으로 올라가면 오른편에 잔디광장과 마주친다. 초등학교 저학년으로 보이는 어린이들이 두 그룹으로 나눠져 게임을 할 모양이다. 나무 그늘 아래에는 젊은 부부와 어린이가 음식을 먹으면서 즐기고 있는 천막이 군데군데 보인다. 중앙공원 중에서도 중앙을 차지하고 있는 화강석이 깔려 있는 중앙 대광장에는 킥보드를 신나게 밀고 다니는 3, 4세가량의 어린이의 귀여운 묘기도 볼 수 있다.

대광장 동쪽에는 경회루와 닮은 돌마각(突馬閣)이 우뚝 서 있고 그 아래에는 분당호의 잔잔한 물결과 이따금 공중 높이 분수가 치솟고 있다. 그리고 징그러울 정도로 큰 잉어 떼가 몰려다니는 광경도 볼 수 있다. 대광장 서쪽에는 이조(李朝) 후기의 수내동가옥이 자리 잡고 있고, 그 앞마당에는 노인들이 막걸리 병을 곁에 두고 윷놀이를 하고 있다.

400년이 넘은 향나무와 오래된 수목 아래 열 개 넘는 벤치가 동쪽을 향하여 나란히 설치되어 있다. 나는 나무그늘 아래 벤치에 앉

분당 중앙공원 서쪽 잔디공원 느티나무 그늘 아래서 한여름을 즐기는 가족과 어린이

아 더위를 식히고 생각하는 시간을 갖는다. 주중에는 지나가는 사람이 뜸할 만큼 한적하다.

이곳과 근접하여 서쪽에는 중앙공원의 명물인 넓은 잔디공원이 있다. 공원 가장자리에는 거목의 느티나무가 일정 간격으로 공원을 둘러싸고 있다. 천막 치는 것을 금하고 있으며, 잔디가 아름답게 가꾸어져 있다. 나무 그늘 아래 잔디밭에는 어린이가 뛰어놀고 가족들이 오순도순 앉아서 시원하게 한여름을 보내고 있다.

오늘이 토요일이고, 해가 가장 길다는 하지(夏至)이다. 평화스럽고 행복하게 보인다. 토요일과 일요일에는 항상 분당의 어린이가 다 모여 어린이천국과 같은 느낌을 준다.

분당 중앙공원은 30년 전 한산 이씨(韓山 李氏)의 묘역(墓域)인 세장산과 한산 이씨의 집성촌인 수내동 마을이 있는 한촌이었다. 1989년 분당 신도시가 개발되면서 분당이 상전벽해(桑田碧海)가 되고, 중앙공원이 조성되었다. 중앙공원은 옛날 모습을 남기려고 하는 자연생태공원이다. 어린이 놀이터, 수영장, 소동물원 등 어린 이용 시설이 하나도 없는 오직 성인과 노인이 산책하고 쉬케끔 하는 공원이다. 단순하고 가식이 없는 예술작품일수록 수명이 길다.

300~400년의 역사를 가진 한산이씨의 묘역은 앞으로도 300~400년 이어가겠지. 돌마각도 100~200년은 그대로 남겠지. 수목도 점점 우거져 여름철의 그늘이 더 넓어지겠지. 그러나 30년 후, 50년 후, 여름철 토요일 오후의 중앙공원에 어린이가 얼마나 몰려올 것인가. 점쳐보기가 쉽지 않다.

인구 통계의 예측에 의하면 50년 후 우리나라 19세 이하의 인구수가 현재수의 반 토막이 난다고 한다. 저 출산 탓이다. 저 출산 탓으로 일본도 2110년에는 인구가 4,286만명으로 감소한다고 한다. 현재(2018) 인구수 1억2,700만명의 1/3이 된다. 이것과는 별도로 로마클럽의 보고서(1972년)에 의하면 식량부족과 환경오염 등으로

2100년에는 세계인구가 1/3로 감소할 것이라고 예측하고 있다.

지구온난화 탓으로 지구 곳곳에서 재난이 속출하고, 미세먼지가 우리의 건강을 위협하고 있다. 환경재단 최열 대표의 글에 의하면, 2015년 초미세먼지로 우리나라 조기 사망한 사람이 1만2천명이라고 한다. 저 출산에다 환경오염, 지구온난화가 가세하여 인구가 급속도로 감소할 것이다.

오늘 아침 신문(2019. 6. 28 조선일보)에 의하면, 우리나라 세종시를 제외하고 모든 도시의 인구가 감소하기 시작하였다고 한다. 13년 후에는 서울시의 인구가 900만명 이하가 될 것이라 한다.

서울 철도역 구역사는 1925년 완공되었다. 중후하고 아름다운 르네상스풍의 건물로 현재도 위용을 과시하고 있다. 이 건물이 완성되었을 때 서울시의 인구는 30만 명이었고, 앞으로 50만 명을 내다보고 설계한 것이다. 당시 너무 크게 지었다고 평하는 사람이 많았다. 94년 전의 일이다. 지금부터 94년 후 2110년경에는 서울시의 인구가 그 당시의 30만 명으로 되돌아갈지도 모른다.

분당의 중앙공원은 100년이 지나도 원형 그대로 살아남을 것이다. 그러나 공원 주위의 아파트들은 사람이 살지 않는 흉물로 변하

1925년 완공된 중후하고 아름다운 르네상스풍의 서울 철도역 구(舊) 역사

고 천당위의 분당이라는 신도시가 마의도시로 변하지 않는다고 누가 장담할 수 있겠는가. 사람이 살지 않는 집은 폐가가 되고, 사람이 없는 도시는 폐도시가 될것이라는 것은 뻔한 일이다.

한여름 늦은 시간 잔디밭에 뛰놀고 있는 보배같은 이 어린이들이 90세가 되는 2100년에는, 이 분당이, 이 중앙공원이 어떻게 바뀌고 있을 것인가. 그때도 이 잔디공원에 뛰어놀고 있는 어린이들을 만날 수 있을 것인가. 80년 후, 2100년경의 분당 중앙공원의 모습을 가슴에 그려본다. ***(2019년 6월 28일 기)***

12

저 출산 유행을 막을 수 있을까

12

저 출산 유행을 막을 수 있을까

맑은 공기, 맑은 물, 오염되지 않은 흙, 이 세 가지는 우리가 살아가는데 필수 기본 조건이다. 우리의 삶을 영위하는데 이 세 가지만 있으면 되니까 매우 단순한 조건이라고 할 수도 있다. 그런데 쉽지가 않다. 깊은 산골에 살던, 번잡한 도시에 살던 이 단순한 세 가지 조건만 충족시킬 수 있다면 1차적으로 안심하고 살 수 있다.

문화적인 문명생활을 한답시고 이 단순한 조건을 침범해서는 안 된다. 잘 살기 위한 것이 죽일 수도 있다. 그래서 위정자는 제일 먼저 이 세 가지 조건을 지켜야 한다. 이 세 가지의 단순한 조건을 지키기 위하여 철두철미한 관리와 지속가능한 방법을 확보해야 한다. 다른데 정신이 팔려 이 세 가지 조건을 소홀히 했다가는 국민이 모두 병들고 국가가 소멸될 수도 있다.

나는 분당으로 이사한 후 물을 사서 먹었다. 처음에는 율동공원 위에 위치한 대도사 경내의 지하수를, 또는 열병합발전소 내의 지하수를 길어다 먹기도 하였지만, 20여 년간 포천 이동면에서 생산하는 '풀무원' 샘물을 사서 먹고 있다. 프랑스, 백두산, 금강산에서 생수가 수입되고 있다. 1970년대에는 상상할 수도 없는 일이다. 지금은 세계 어디를 가나 PET병에 담겨져 있는 생수를 음료로 사서 마시는 것이 상식으로 되어 있다. 예외도 있다.

1997년 5월 7일, 자동차 리싸이클링을 조사하기 위하여 캐나다 몬트리올시 어느 모텔에 숙박하였다. 그 곳에는 생수는 없고 수돗물을 마셔야 했다. 나중에 알아보니 캐나다 대부분 지역이 수돗물을 식수로 마시고 있었다.

1999년 4월 22일, 나는 이스탄불을 구경하기 위하여 이곳저곳을 왔다 갔다 하다가 지하 저수지가 있는 지하궁전으로 왔다. 4세기 콘스탄티누스제왕은 흑해 근처에서부터 물을 끌어 이곳에 90㎥의 지하 저수지를 만들었다. 6세기의 유스티니아누스제왕 시대에 지하 저수지는 확장되었다. 폭 70m, 길이 140m로, 면적은 9,800

㎡이다. 한 줄에 28개의 기둥이 있고, 12줄에 총 336개의 기둥이 있다. 이 기둥의 높이는 12m이다.

또, 이스탄불에는 도심을 가로지르는 수도교(水道橋)가 있다. 발렌스 황제가 지었다하여 발렌스 수도교라고 부른다. 이 수도교는 높이 26m의 2층 형식의 연속 아치로 길이가 1㎞이었으나, 현재는 800m만 남아있다. 이 수도교는 이스탄불 서북쪽 19㎞ 떨어진 벨그라드 숲에서 나오는 청량수를 지하 저수지로 수송하기 위한 것이며, 아름다운 예술작품과 같이 보였다. 로마제국은 문명을 일으켰고, 로마제국이 거쳐 간 나라들은 그 혜택을 입었다. 도로, 교량, 저수지, 광장, 목욕탕 등을 건설함으로써 문명이 도입되었다. 문명은 바로 토목공사였다. 이스탄불에서 지하 저수지와 수도교 같은 로마제국시대의 수준 높은 수리위생공학기술을 볼 수 있었다. 로마문명 중에서도 돌을 깎아 만든 이와 같은 상수도시설을 가장 중요시 했던 것이 아닌가 싶다.

나는 6.25동란 전까지 고향 함양 산골에 살면서, 천연지하수 우물을 마셨다. 마을 안에 위치한 우물은 춘하추동 수량이 풍부하고 맛도 좋았다. 60가구의 마을 사람들이 사용하고도 남아 철철 흐르고 있었으며, 역사도 오래 되었다.

1960년대 후부터 인천과 서울에 살면서 수돗물을 마셨다. 수돗물 그대로 마시는 것이 아니고 볶은 보리를 넣어 끓인 보리차를 마신 기억이 난다. 1990년대 후반부터는 전술한 바와 같이 지금까지 식수로 생수를 사서 마시고 있다. 팔당의 한강물을 정수하고도 못 미더워 수돗물을 마시는 것을 기피하고 있다. 오염이 심하면 정수도 쉽지 않다. 상수도 정책 위반자나, 정수시설 종사자는 수돗물을 직접 마시는지는 알 수 없으나, 대부분의 시민은 수돗물을 집에서 다시 정수하던지, 나같이 생수를 사서 마시는 것으로 알고 있다.

그래도 물은 이와 같이 탈출구가 있다. 그런데, 오염된 공기는 피할 길이 없다. 맑은 공기를 수입할 수도 없고, 산간벽지의 맑은 공기를 운반할 수도 없다. 미세먼지가 심한 날 마스크를 하라고 당국에서 홍보하지만 초미세먼지는 마스크 천 사이를 자유롭게 출입한다.

미세먼지 현상이 심해지고 있다. 이것이 로마클럽의 보고서(1972)에서 말한, 공해로 인구가 감소하는 징조가 아닌가 싶다. 대학생 시절 도쿄 타워에서 보는 도쿄(東京)는 미세먼지로 온통 희미하게 보였다. 1960년대 말 다시 도쿄 타워에 올라가 도쿄도내를 조망하니 멀리 구석구석까지 깨끗하게 보였다. 대학에 가 선배 교수님한테, 어떻게 이렇게 도쿄의 하늘이 깨끗해 졌는가 하고 물었더니, 한번 더럽혀져야만 깨끗해진다고 하였다.

남산에서 강남이 흐리게 보이는 것이 오래되었다. 이제 강남이 맑게 보여야 할 때가 되지 않았는가. 1960년대 초, 프랑스기자가 서울에 와서 '서울의 공기'를 프랑스로 수입하고 싶다고 말한 기억이 새롭다. 다음에는 흙을 생각해 보자. 흙이 오염되면 지하수가, 하천이 오염되고, 식물(植物)이 제대로 살 수가 없다. 그래서 오염된 흙은 세정처리를 하여 재생시켜야 한다.

2015년 7월 2일 삼표그룹의 사장단을 인솔하여 일본 아키다현(秋田縣) 하나오카마찌(花岡町)에 소재한 '에코시스템 하나오카(주)'에 갔다. 이 회사는 '토양세정법'이라는 세정, 분급, 자력선별, 포말부상(부선), 추출 등 다양한 기술을 조합해서 토양정화를 시행하고 있다. 옛날의 마쓰미네 선광공장(松峰選鑛工場)의 시설을 대부분 그대로 사용하고 있다. 세정된 토양은 복토재로 재이용, 오염물질인 중금속은 유용자원으로 회수되어 제련원료로 리싸이클링

되고 있다. 에코시스템 하나오카의 세정플랜트는, 5만톤/월의 처리능력을 가진 일본 최대급의 토양정화공장이다. 더욱 15천 톤을 보관할 수 있는 넓은 스톡야드를 보유하고 있다.

필자의 대학연구실 30년 후배인 DOWA에코시스템 환경기술연구소 가와카미 사토시(川上智) 소장의 안내로 공장 내의 시설, 장치를 하나하나 점검하고 옥외로 왔다. 연구소 결과물을 적용하는 새로운 공법의 공장이 건설 중이다. 가와카미 소장은 에코시스템 하나오카(주)와 연구소가 협력해서 개발한 토양정화용 특수철분에 관해서 설명하였다. 철분의 특성에 따라 토양정화용 철분(E-200, E-401), 지하수정화용 철분(E-150) 등이 있다. 그 철분의 강점은 다음과 같다.

① 근소한 첨가량 - 중량비 1.0% 정도

② 신속한 반응 - 다공질이고 표면적이 크기 때문에 반응속도가 빠르다.

③ 중간생성물의 축적이 없다 - 일반적인 철분과 상이하다.

④ 폭넓은 대상물질 - 일반적인 철분으로는 분해가 곤란한 물질도 분해

오른쪽에서 세번째 가와카미사토시(川上 智) 소장과 같이

위 사진 오른쪽에서 세번째 가와카미 사토시(川上 智) 소장과 같이 비소(As)로 오염된 토양의 정화에는 연구소에서 개발한 철분이 특별히 유효함을 알게 되었다고 한다. 최근 도쿄올림픽(2020년)을 대비한 터널 및 지하굴착 공사가 한창이다. 이 굴착된 토양에는 중금속으로 오염된 것이 많다는 것이다. 그래서 앞으로 일거리가 많아질 것 같다는 얘기도 부언하였다. 연구소는 또 미생물 활성 영양제 바이오엔젤(Bio Angel)을 모리나가(森永) 우유와 협력해서 개발을 했다고 하였다. 지중에 존재하는 미생물에 영양 바이오엔젤을 부여함으로써, 미생물의 활동을 활성화시켜, 오염물질을 분해한다는 것이다. 식품제조 과정에서 발생하는 부산물을 원료로 하기 때문에 제조비가 매우 염가이며, 높은 분해성능을 가지고 있다. 에코시스템 하나오카(주)는 이 바이오엔젤의 실용화에 매우 적극적이다.

법정(法頂)스님은 그의 저서 '오두막편지(2000년)'에서 맑은 물, 맑은 공기, 오염되지 않은 흙이 없이는 한시도 살수 없다고 그 중요성을 강조하고 있다. 4, 50년 전까지만 해도 금수강산으로 불리던 이 땅의 물과 공기를 그 누가 이렇게 죽여 놓았는가라고 한탄도 하고 있다. 다음은 깨끗한 흙을 가까이 하라는 그의 글이다.

흙을 가까이하라. 흙에서 생명의 싹이 움튼다.

흙을 가까이하라. 나약하고 관념적인 도시의 사막에서 벗어날 수 있다.

흙을 가까이해야 삶의 뿌리를 든든한 대지에 내릴 수 있다.

근래 우리나라는 저 출산 때문에 우려가 크다. 많은 돈을 투자하고, 기발한 대책에도 저 출산은 계속 이어오고 있다. 작년(2018년)에는 드디어 0.98명을 기록했다. 인구 감소를 왜 이렇게 심각하게 우려해야만 하는가. 8.15 광복 이듬해인 1946년 우리나라 인구는 19,369,270명 이었다. 1960년에는 25,012,374명으로 지금

인구 수의 반 토막이다. 정확한 시기는 기억나지 않지만 1960년대 말 또는 1970년대 초가 아닌가 싶다. 그때 인구수가 3,000만 명이었는데, 정부차원에서 저 출산 장려운동이 전국적으로 전개된 기억이 난다. 필자는 유행은 막기 힘들다는 신념과 확고한 체험을 거쳤다. 그래서 지금 유행이 되고 있는 저 출산을 인위적으로 막는다는 것이 가능한 일인지 의심스럽다.

차라리 저 출산 대책에 투입되는 예산을 맑은 물, 맑은 공기, 깨끗한 흙을 확보하는데 사용하는 것이 더 효과적일수도 있을는지 알 수 없다.

(2019년 7월 10일 기)

13

노벨상을 꼭 받아야 하는가

13

노벨상을 꼭 받아야 하는가

태산이 높다하되 하늘아래 뫼이로다.

오르고 또 오르면 못 오를리 없건만

사람이 제 아니 오르고 뫼만 높다 하더라.

이 시조는 등산할 때나, 연구할 때나 좌우명으로 삼고 있다. 8,000m 넘는 히말라야 고봉을 등반하는 산악인의 영상을 볼 때 눈보라와 눈사태를 이기고, 목숨을 걸고 한 발짝 한 발짝 올라가는 모습이 바로 이 시조의 뜻 인양 새기고 있다. 고작 2,000m 가까운 한라산이나 지리산밖에 등산한 경험이 없는 나에게도 이 시조의 뜻이 해당되는지 의심스럽다.

2005년 가을 영실에서 한라산을 등반하였다. 이 코스는 어느

구간 급경사를 이루고 있다. 77세의 노구라 다리가 쉽게 옮겨지지 않았다. 숨이 찼다. 그때 나는 이 시조를 읊으면서 한 발짝 옮기고 쉬고, 또 한 발짝 옮기고 쉬면서 올라간 기억이 난다.

나는 산악인이 아니고 산을 좋아하는 등산애호가이다. 그래서 반드시 정상에 올라가지 않아도 된다. 요즘 개발된 둘레길을 걷는 것이 제격이다. 작년(2018년) 가을 제주도 대명리조트에서 우리 학회를 개최한 다음날, 회원 일행이 제주도 관광길에 나섰다. 비자림 자연휴양림을 구경 후 용눈이오름에 올라갔다. 400m 높이의 오름을 오르고 또 오르면 못 오를지 없건만 시간제한이 있어 중도에서 노닥거리다가 하산하였다. 중도에서 조망되는 경치가, 제주도의 고원과 바다가 정말 아름다웠다. 그러니 오름 정상에서 보는 경치는 얼마나 더 아름답고 시야가 넓을 것인가. 그래서 산에 가면 힘들어도 정상에 올라가야 한다. 연구하는 사람도 정상에 올라가야 한다. 박사학위를 받은 사람은 한라산 정상에, 노벨상을 받은 사람은 8,000m 히말라야 고봉정상을 오른 것과 비유할 수 있다.

나는 가끔 일본 국내 학회에 참석했다. 1953년에 일본자원·소재학회 회원이 되었으니 어느덧 금년이 66년째가 되었다. 1960년대에 발표한 연구 제목을 1970년대에도 거의 같은 제목으로 학회에서 발표한 대학교수가 있었다. 내용을 깊이 이론적으로 10년 넘게 파고 있었다. 지치지도 않느냐고 물었더니, 대학교수는 국가연구소 연구원은 이래야 한다는 것이다.

한편, 회사 연구소의 연구원은 시행착오 식으로 연구하는 경우가 많다. 우연히 적중하는 결과를 기대한다. 이 방법이 단기적으로 성과를 올리는데 특효가 될지 모른다. 그러나 높은 산의 정상을 밟을 확률은 아주 낮다. 자연과학분야의 노벨상 수상자를 발표할 때마다 우리나라 사람들이 공연히 심기가 불편하다. 일본과 비교해서 우리나라 자존심을 건드린 것이다. 그래서 급속히 '기초과학연구원'을 설립하는 등 노벨상을 수상할 수 있는 인재를 양성하겠다고 야단법석이다. 자연과학분야의 노벨상을 왜 꼭 받아야 하는가. 한 두 사람이 받았다고 우리나라 사회가 달라지는 것이 있겠는가. 과학기술을 차근차근 육성 발전시켜 우리나라 국민이 평화롭고 행복하게 잘 살면 되는 것 아닌가. 노벨상을 받기 위한 연구는 있을 수 없고, 또 자연과학의 본질에서 벗어나는 것이다. 노벨상을 수상하는 것은 연구의 목적이 아니라 연구의 결과 중 일부 인 것이다.

스위스 알프스산맥

20여 명이 넘는 일본의 자연과학분야 노벨상 수상자가 노벨상을 받기 위해 연구한 사람은 한사람도 없을 것이다. 머릿속에서 한시라도 연구를 생각하지 않은 날이 없고, 연구업적이 축적되어가는 보람으로, 또 아무런 대가도 바라지 않는 것이 노벨상 수상자들의 자세요, 특징이 아닐까 생각된다.

일본인 과학자가 처음으로 노벨상을 수상한 것은 1949년의 일이지만, 이미 1901년, 즉 노벨상이 시상되던 첫해부터 노벨상 후보로 추천된 일본인 과학자는 존재했다. 노벨상이 처음으로 수여

된 1901년, 생리의학상 부문 첫 수상자로 선정된 것은 독일의 베링(Emil Adolf von Behring, 1854~1917)이었다. 그런데 주목할 것은, 같은 해의 생리의학상 후보자로 일본인 기타사토 시바사부로(北里柴三郎, 1853~1931)도 함께 포함되어 있었다는 사실이다. 또 하타 사하치로(秦佐八郎, 1873~1938), 가토 겐이치(加藤元一, 1890~1979), 노구치 히데요(野口英世, 1876~1928) 등이 기타사토와 인연이 있는 과학자로서 노벨상 후보로까지 추천되기도 하였다. 이와 같이 노벨상이 시작되던 20세기의 첫 무렵부터 이미 일본인 과학자가 노벨상 후보로 거론되고 있었던 것이다. 로마가 하루아침에 이루어진 것이 아닌 것처럼 일본도 하루아침에 노벨상 수상자를 배출한 것은 아니다. 일본이 자연과학분야에서 노벨수상자가 많은 것은 한 발짝 한 발짝 장기간 기초적 연구업적을 축적한 결과인 것이다.

나는 오래전부터 기초적 연구를 강조해 왔다. 몇 년 전 H대학 에너지자원공학과의 초청을 받아 교수와 대학원생을 대상으로 강연한 일이 있다. 강연 말미에 "대학원생은 기초적 연구를 해야 합니다. 사회에 나가면 한평생 돈벌이 연구를 하게 됩니다. 여러분의 기초적 연구가 먼 훗날 돈벌이 연구를 뒷받침할 것입니다."라고 부언하였다.

우리나라는 대학에서나 국립연구원에서나 1회성 돈벌이 연구가 대세를 이루고 있다. 돈벌이 연구도 기초적 연구과제로 가지를 치는 수가 왕왕 존재한다. 어느 쪽 연구이던 소속 학회 학술대회에 발표를 하고, 학회지(학회 학술논문집)에 투고해서 학회 연구 분위기를 고취하고, 연구토양을 조성하는데 기여했으면 좋겠다. 논문이 학회지에 게재됨으로서 연구는 1차적으로 종결된다.

우리나라 학계(學界)의 절실한 과제는 학회의 육성에 있다. 학회지에 경쟁적으로 우수한 논문이 많이 실려서 연구업적이 축적되는 환경이 조성되어야 한다. SCI(Science Cited Index) 논문집에 투고해서 가산점을 얻으려는 풍토를 넘어서 또 그러한 평가풍토가 사라지고, 우리나라 학회지의 수준이 높아져, 외국인이 우리나라 학회지를 많이 인용하도록 해야 한다. 그러기 위해서는 태산을 향해서 한 발짝 한 발짝 묵묵히 올라가 독창적인 연구논문이 많이 실려야 한다. 서두르면 넘어지기 쉽다. 급할수록 돌아가라는 옛말이 있다. *(2019년 7월 20일 기)*

14

남한산성

14

남한산성

1970년대 초반부터 「좋구나 산악회」란 이름으로 시작한 등산이 40여 년의 세월이 흘렀다. 일요일이면 틀림없이 10명 내외의 회원이 모여 주로 북한산, 도봉산을 오르내렸다.

북한산 대성문에서 성벽을 따라 백운대로 이어지는 고색이 짙은 이 능선을 몇 십번이나 오가고 한지 헤아릴 수 없다. 신록과 진달래 철쭉이, 우거진 녹음이, 타는 듯이 눈부신 단풍이 그리고 낙엽과 설경이 산에 가지 않고서는 못 견디게 한다. 그래서 이 등산을 1/7의 행복이라 하였다. 일주일에 하루는 행복을 보장받았다.

그런데 2000년대 초가 되자 회원이 하나씩 하나씩 줄기 시작하였다. 김신조라는 별명이 붙은 김병직 총무도 쓰러졌다. 강철 같은 체력을 가졌어도 병마에는 이길 수 없었다. 그렇게 아끼던 후배 회

남한산성 남문

남한산성 행궁

원 최종술 교수도, 홍선표 사장도 가버리고, 엄기덕 사장과 나, 단 두 명이 남았다. 두 명이 격주로 만나 삼청공원에서 숙정문, 남산의 둘레길, 올림픽공원 등 쉬운 코스를 골라 수년간 「좋구나 산악회」의 명맥을 이었다. 그래도 산속에서 만일의 사고가 걱정되었다. 엄사장이 88세, 내가 87세였다. 2015년 8월 15일, 우리 둘은 광화문 세종문화회관 지하식당가에서 점심을 먹으면서, 「좋구나 산악회」 해산을 선언하였다. 40여 년간 이어오던 북한산, 도봉산 등산길에서 작별해야했고, 엄기덕 사장과도 이별해야만 했다.

한편, 2008년경부터 격주로 집에서 가까운 분당의 영장산(141.1m), 불곡산(335.4m) 둘레길을 그리고 남한산성을 혼자서 걸었다. 지하철 8호선 남한산성역에서 9번 버스를 20분간 타면 아늑한 남한산성 분지의 중심지 종로에 도착한다. 여기서 둘레길은 사방으로 뻗어있다. 남문(지화문)에서 수어장대 청량산 정상(497m)에 올라 서문, 북문을 거쳐 출발지 종로로 돌아오는 것이 가장 쉽고 자주 이용한 코스이다. 서문에서 국청사 샛길로 빠져 영락교회 한경직 목사가 거처하던 만년의 산장을 보면서 내려가기도 한다. 기독교 교인이 아닌 나에게도 우러러 보게 한 그분의 인품이 스며있는 곳이다. 수어장대에서 삼전도(三田渡)가 있는 송파, 마천, 하남시를 조망하면서 서문, 북문으로 내려가는 산성 성벽 길은 일품이다. 수령이 오래된 소나무 숲이 잘 다듬어진 성벽 길을 더욱 우아하고 즐겁게 만든다. 한적한 분당 둘레길과 달리 탐방객이 많아 혼자 걸어도 안심이 된다.

2010년을 전후해서 6~7년 간 격주로 왔으니 수십 번 넘게 남한산성을 걸었다. 서문에서 지하철 5호선 마천역으로 빠지기도 하고, 영주봉 옹성에서 하남시로 내려가기도 하였다. 남문에서 남장대 옹성을 거쳐 검단산(523.9m)에 올라 성남시 사기막골로 하산하였다. 이렇게 다녀도 못 다간 곳도 있고 몇 번을 가도 또 가고픈 남한산성 길이 있다. 그것은 남한산성이 '병자호란'이라는 지울 수 없는 치욕의 역사적 현장이기 때문에 더욱 더 탐구심을 유발한다.

2007년에 출판한 작가 김훈의 소설 '남한산성'을 두 번이나 읽었다. 1636년 12월 15일 청나라의 10만 대군이 삼전도에 본부를 두고 남한산성을 에워싸 끊임없이 공격했다. 준비 없는 조선병이 제대로 먹지도 못하고, 입지도 못하고 죽을힘을 다하여 방어했다. 삼동 추위에 손, 발이 얼었다. 행궁에서는 주화파 최명길과 석화파 김상현의 지칠 줄 모르는 권력투쟁은 치열하였다. 1637년 1월 30일 드디어 임금은 삼전도에서 항복했다. 조선은 청의 신하가 되었고 주권은 능욕 당했다.

380년 전의 비참한 역사가 묻어있는 남한산성 길은 자존심을 달래기 힘든 길이기도 하다. 2010년 가을의 어느 날 12시경 나는 수어장대에 있었다. 수어장대 앞뜰에서 10수명의 탐방객에게 남한산성의 역사를 풀이하고 있는 해설사 선생님이 있었다. 나도 경청하였다. 해설이 끝날 무렵 내가 다음과 같은 질문을 하였다.

"병자호란을 시작으로 200수십 년간의 청나라의 굴욕적인 지배가 이만저만이 아니었는데, 우리는 청나라에 대한 감정은 아무것도 없고 36년간 지배한 일본에 대해서만 왜 나쁜 감정을 가지고 있는가.”였다. 해설사 선생님의 답변은 간단하였다. “시간, 세월”이라고 하였다. 병자호란은 380년의 세월이 경과하여 국민들의 기억에서 망각되고, 일제 36년은 우리 기억에 살아있기 때문이라고 하였다.

병자호란 당시 세자와 왕자가, 또 50만 명이라는 포로가 청나라로 끌려갔으니, 청나라에 대한 원성과 감정이 어떻겠느냐고 부언하였다. 해설사 선생님의 답변은 원칙적으로는 긍정된다. 일본과 친해지려면 좀 더 시간이 가고, 세월이 흘러야 하는가. 8.15 해방부터 70여 년이 되었다. 해방 전에 출생하여 일본의 식민지정책을 아는 연령층은 극히 소수이다. 그런데도 일본에 대한 나쁜 감정은 식을 줄을 모른다. 교과서에서, 정책에서 반일감정을 부추긴다. 국익에는 아랑곳없다. 세월이 가도 한심해지기만 한다.

6.25 동란 때 중국인이 한국 땅을 짓밟고 많은 사람을 죽였다. 그런데 지금 중국에 대한 나쁜 감정은 찾을 수 없고, 오히려 중국과 친해지려고 애쓰고 있다. 1960년대 후반 한국군이 월남에 가서 월남 땅을 짓밟고 많은 월남사람을 죽였다. 그런데 지금 월남과는 우호관계가 수립되고, 한국의 며느리로 월남아가씨가 얼마나 많이 한국 땅에 살고 있는가. 해설사 선생님이 말한 “시간, 세월”은 맞기

남한산성 '수어장대'

도 하고, 틀리기도 한 것 같다. 평소에 가지고 있는 나의 의문은 아직 남아 있다. 남한산성 길을 혼자 걸으면서, 우리나라가 헤쳐 온 길을, 역사를 가슴에 씹고 또 씹어 본다.

병자호란에서 불과 40년 전에 임진왜란으로 나라가 망할 뻔한 대 역사를 치르고도 1637년 1월 30일 인조 임금이 삼전도에서 청나라 황제에게 세 번 절하고 아홉 번 머리를 조아리는 치욕을 당하고도 끝끝내 자립의 힘을 기르지 못하여 일본에게 먹히고 만다. 너무 안타깝고 분통이 터진다. 이 자성의 남한산성 길을, 사계가 아름다운 남한산성을 못가 본지 어느새 6년이라는 세월이 훌쩍 지나가 버렸다. ***(2019년 8월 6일 기)***

15

성악가 '이인영' 교수

15

성악가 '이인영' 교수

2019년 9월 6일 아침 '조선일보'를 펼쳐, '원로 성악가 이인영 씨 별세'라는 기사를 발견했다.

대한민국예술원 회원인 원로 성악가 이인영(90)씨가 5일 노환으로 별세했다. 1956년 일본 도쿄예술대 성악과를 졸업하고 1969~1994년 서울대학교 음대교수로 재직했다. 일본 시즈오카 오페라콩쿠르 심사위원 등을 지냈고, 2007년부터 3년간 대한민국예술원 부회장을 맡았다. ……후략

이인영 교수
(2018. 11. 22 세빛섬에서 필자 촬영)

이와 같은 고인의 약력이 붙어 있었다.

나는 이 기사를 발견하고 한참동안 넋을 잃고 있었다. 3개월 전 지난 6월 11일 반포한강공원 세빛섬 뷔페에서 고인을 포함한 일본 유학파 늙은이 6명이 점심을 같이했다. 그때 그는 옛날 사진을 한 아름 가지고 와 우리에게 보였다. 명랑한 성격 그대로이고, 식사도 잘 하였다. 육회를 좋아하였다.

식사를 마치고 세빛섬에서 그의 휠체어를 둘러싸고 한강공원 주차장까지 우리는 천천히 걸었다. 6월 초 햇볕은 따스하였다. 마치 소풍을 가는 것 같았다. 그는 나보고 건강해서 좋겠다고 반 농담도 하였다. 주차장에서 그의 자가용에 힘겹게 옮겨 타는 것을 보고 우리는 무언중에 다음 만남을 기약하고 손을 흔들며 헤어졌다.

이것이 그와의 마지막이 될 줄은 몰랐다. 나는 특별히 따로 그의 점심접대를 받은 일이 있어 10월경에는 내가 그를 초대해야겠다고 벼르고 있었다. 영원히 빚을 갚지 못하게 되었다. 우리는 작년(2018년) 11월 22일 처음 만났다. 10개월의 짧은 교우(交友)였다.

내가 그의 죽음을 안타깝고, 10개월의 짧은 교우를 아쉽게 생각하는 것은 그의 소박한 인간성과 열정적인 사고가 나를 매혹시켰기 때문이다. 이러한 느낌은 그의 저서를 읽으므로 더욱 강하게 가슴에 와 닿는다. 작년 11월 22일 역시 반포한강공원 세빛섬에서 만났다. 처음 만남이었지만 나는 그의 이름을 알고 있었다. 나만이 아니고 1950년대 도쿄에서 공부하고 있는 한국유학생 사회에서는 대부분 그의 이름을 알고 있었다. 도쿄예술대학 성악과 4학년 졸업을 앞두고 그는 일본에서 제일가는 후지하라가극단(藤原歌劇團)에 발탁되어 그의 노래가 일본 온천지에 울려 퍼졌다.

70년이 다 되어 힘없는 늙은이가 되어 우리는 처음 만났다. 알고 보니 우리는 1929년생 동갑내기이고, 도쿄 한국YMCA 행사에서 같은 자리를 차지하고 있기도 하였다. 같은 시대, 공통된 화제가 끝이 없었다. 불행하게도 남의 손이 없이는 움직일 수 없는 병환의 몸이지만 젊음의 기백이 살아 있었다. 나는 이날 그의 저서 3

▶ 新木槿通信(일본어, 293쪽, 2007년 발행)

▶ 빛과 사랑의 노래(주로 한국어, 487쪽, 2013년 발행)

▶ 日本に學ぶ, 日本に遊ぶ[일본에서 배우고, 일본에서 놀다]
–日本音樂漫遊記–(일본어, 271쪽, 2016년 발행)

권을 기증받았다.

'빛과 사랑의 노래'를 제외하고 두 권의 저서는 일본사람을 대상으로 하는, 일본사람을 위해, 유창한 일본말로 써진 책이다. 한·일 고대의 역사와 교류, 일본의 한국식민지정책의 실례, 독도(獨島)가 한국영토라는 논리적인 역사적 설명이 서술되고 있다. 이 세 권의 저서에는 한·일 양국의 진정한 평화를 갈망하는 그의 심정이 저변에 깔려 있다. 그는 진정으로 일본을 아끼고 사랑하기 때문에 가감 없이 일본을 평하고, 일본의 자성을 촉구하였다.

나는 독도(獨島)가 우리나라 영토라는 신념을 그의 저서 '新木槿通信' 중 「일본의 여러분」에게 보내는 글을 읽고 너무나 쉽게 또 논리적으로 확신을 가지게 되었다. 이 글을 읽은 한국인이나 일본인은 그의 논리를 부정하고 뒤엎을 수 없을 것이다.

일본의 정치가나 외교관이 그의 이 글을 읽고 그래도 독도를 일본 영토로 주장한다면 그것은 억지이다. 우리는 과거의 역사적인 자료에 기인하여 판별하여야 한다. 식민지시대처럼 그냥 밀어붙여서는 안 된다. 우리들과 같이 최소한 1930년 이전 생으로 식민지의 고통을 직접 겪고 그 횡포와 원한에 시달리면서 자란 노인이 아니고서는 과거의 일본을 말하기란 어려울 것이다. 말할 수 없는 악독한 짓을 해놓고, 일본의 국왕 또는 총리가 "매우 유감이었습니다. 미안합니다."라는 말로 때우고 있다. "정말 잘못했습니다. 두 번 다시 그런 짓은 안하겠습니다. 용서해주십시요."라고 왜 못하는가. 이러한 이인영 교수의 설득과 호소에 감동받았다.

나는 이 감동을 적은 쪽지와 함께 나의 자서전 '역사와 수필이 함께한 공과대학 교수의 이야기'를 그에게 우편으로 보냈다. 수일 후 그로부터 점심이나 같이 하자는 전화를 받았다. 2019년 1월 12일, 우리는 서초역 근처의 '오발탄'에서 만나 곱창을 구워먹었다. 휠체어에 의지한 불편한 몸이었지만 대화에 조금도 불편한 내색이 없었다.

우리는 다 같이 소년시절 우리말 사용이 금지된 교육을 받았고, 일본 시인 이시카와 타구보쿠(石川啄木)의 다음과 같은 서정시를 읊으면서 10대의 감수성을 키웠다.

장난삼아

어머니를 등에 업고

그 너무 가벼워서 울어

세 발짝을 못 떼다.

만일에 일본의 식민지통치가 오늘까지 계속 되었다면 우리말, 우리글이 사라지고 철저한 황국신민(皇國臣民)이 되었을 것이다. 국민전체가 독립투사가 될 수는 없지 않은가.

1950년대 우리는 다 같이 도쿄 하늘아래에서 살았다. 그도 나도 한국 유학생 사회에 적극적으로 참여를 안했기 때문에 서로 만나는 기회가 없었다. 나는 1958년에 귀국하였고, 그는 1960년에 귀국하였다. 그리고 그는 1969~1994년 서울대학교 교수로 재직하였고, 나는 이 기간 연세대학교 교수로 재직하였다. 퇴직 후 그는 음악세계에서 활동이 이어졌으나 건강이 악화되어 활동이 어렵게 되자, 저술로 많은 시간을 보냈다. 컴퓨터에 매달려 자판을 두드리는 것이 병마의 고통을 잊게 하였다.

퇴직 후 나도 우리나라 자원리싸이클링 산업을 개척하느라 활동이 이어지고, 5~6권의 전문서적을 출판하였다. 이렇게 보니, 그와 나는 태어나서부터 졸수가 될 때까지 분야가 달라 활동무대는 다르지만 같은 길을 걸었다. 그가 화려한 가극무대에서 아름다운 그의 목소리가 퍼질 때, 나는 여러 나라의 공장을 방문하여 벤치마

킹하느라 먼지 속을 돌아다녔다. 그러면서도 둘 다 문학을 좋아했다. 내가 그의 저서를 읽으면서 그가 성악가인 동시에 문필가였음을 알았다. 시인이고 수필가이기도 하다.

종횡무진 가식이 없는 그의 문장은 실로 대담하였다. 또 주고받은 편지로부터 그가 얼마나 교우(交友)가 넓으며, 애국적이고 성실한가를 알게 한다. 특히 나를 놀라게 한 것은 그 견디기 어려운 신체적 고통을 겪으면서 긍정적으로, 낙관적으로 생각하고 항상 앞을 내다보는 건설적인 내용의 글을 썼다는 것이다.

우리는 서로의 마음을 공유하는 진솔한 친구가 되어, 만년을 즐겁게 교우(交友)할 수 있었는데 하나님은 겨우 10개월 만을 허용하였다.

(2019년 10월 3일 기)

16

평창 알펜시아의 만추

16

평창 알펜시아의 만추

다음 글은 우리 학회지 Vol.27, No.6(2018.12)에 게재된 민지원 실장의 편집후기이다.

❖ **편집후기**

지난 10월 중순경, 평창 알펜시아를 다녀왔다. 우리학회에서 2019년에 개최 예정인 EARTH 2019(제 15차 동아시아 자원 리싸이클링 국제심포지엄)의 행사장소로 선정되었기에 사전 답사를 위해 오재현 명예회장님과 동행해서 현장을 둘러보았다.

그간 한국에서 개최된 EARTH는 총 3회로 제2차는 서울 스위스그랜드호텔(1993년), 제6차 경주 힐튼호텔(2001년), 제10차 제주 라마다프라자호텔(2009년)에서 개최되었다.

한국에서 4번째 개최되는 EARTH 2019(제15차)의 개최지로 부산, 서울, 평창 등 여러 장소가 물망에 올랐으나 최종적으로 평창을 선택하게 되었다. 동계올림픽의 개최로 교통이 편리해진 점, 우리 행사를 개최할 수 있는 규모의 호텔이면서 비용이 저렴한 점 등이 선택에 영향을 주었다.

평창 알펜시아를 둘러 본 소감은, 회의를 할 수 있는 컨벤션센터를 리조트 단지 내에 따로 가지고 있어서 호텔 손님들과 동선이 겹치지 않고 행사를 진행할 수 있는

점, 회의장 공간도 여유가 있고, 세션별 회의장 이동 동선도 복잡하지 않은 장점 등이 보였다. 또 단지 내에 콘도와 호텔(홀리데이인, 인터컨티넨탈) 등 다양한 형태의 숙박시설을 보유하고 있어서 참석자들이 선택할 수 있는 폭이 다양하다는 이점이 있다. 다만, 올림픽이 끝난 평창은 조금 쓸쓸해 보였고, 번화한 도심이 아니다 보니 주변에 이용할 만한 시설들이 부족해 보였다. 참가자들이 여가를 즐기고 관심을 가질 만한 이벤트가 만들어 져야 많은 참가자들을 유치할 수 있을 것으로 생각된다. 강원도의 아름다운 가을답게 고운 단풍과 높은 하늘, 좋은 날씨가 덤으로 따라와 준다면 행사 개최에 가장 큰 도움이 되지 않을까.

EARTH2019의 개최를 위한 작업은 이제 시작되었다. 앞으로 10개월간 꾸준히 준비해나가야 할 큰 행사에 많은 분들의 도움이 절실히 필요하다. 학회 임원들도, 회원들도 그리고 특별회원사도, 모두 힘을 합해 주시기를 진심으로 부탁드리며, 2019년을 마무리할 때는 아주 성공적이고 즐거운 행사였다고 함박 웃을 수 있기를 바래본다.

사무국 민지원

이렇게 걱정스러운 EARTH2019가 지난 10월 16일 별탈없이 무사이 끝났다. 아주 성공적이고 즐거운 행사였다고 함박 웃을 수 있었다. 대만의 蔡敏行 교수도 EARTH2019가 대성공이었다고 칭찬해주었다. 나는 이 EARTH2019 행사를 지켜보면서, 행사의 준비와 수준이 공동 개최 5개국 중에서 으뜸간다고 자부심을 가졌다.

2009년 EARTH2009가 제주 라마다프라자호텔에서 개최되었을때 나는 우리나라에서 개최되는 EARTH 참가는 이번이 마지막 기회라고 생각했다. 그로부터 10년이 지난 2019년 10월 13일 우

제2회 동아시아 자원리싸이클링 국제심포지엄(EARTH1993)
국제조직위원 일동(1999.10.13) 서울 스위스그랜드호텔,
좌로부터 原田種臣, 張傳福, 蔡敏行, 吳在賢 교수

리 부부는 단풍이 아름다운 만추의 평창 알펜시아리조트에서 국내외의 리싸이클링식구와 다시 어울렸다. 호텔 로비에서, Welcome party에서 외국대표를 만나 우정을 나누는 기쁨과 감격을 잊을 수 없다.

은사인 와세대대학 (故)하라다 다네우미(原田種臣) 교수가 중심이 되어, 蔡敏行(대만, 國立成功大學)교수, 張傳福(중국, 中南大學)교수, 그리고 필자(한국, 연세대학교)가 국제조직위원이 되어 EARTH를 발족시켰다. 그리고 조직위원의 나이순서대로 2년마다 일본, 한국, 대만, 중국에서 EARTH 개최를 결정하였다. 약 30년 전의 일이다.

그래서 제 1회 EARTH91을 일본 와세다대학에서 개최하였다. 하라다 선생님은 자원리싸이클링분야를 일찍 개척하여 1970년대 중반, 대학원 강의에 이미 '자원리싸이클링공학'을 개설하였다. 1988년에는 일본 자원·소재학회에 '자원리싸이클링 부문위원회'를 발족시켜 선생님이 직접 위원장직을 맡았다. 이 부문위원회의 이름으로 바이블과 같은 '자원리싸이클링'이라는 단행본을 일간공업신문사에서 출판하였다.

그런데 불행하게도 1996년 3월, 중국 Kunming(昆明)에서 개최되는 EARTH97을 1년 앞두고 뇌졸중으로 쓰러지셨다. 15년이라는 긴투병 끝에 선생님은 2011년 작고하셨다. 이 투병생활 중 1999년 일본 쓰쿠바(筑波)에서 개최되었던 EARTH99에 멀리 도쿄(東京)에서 택시를 타고, 휠체어에 의지하여 참석하였다. 선생님의 EARTH에 대한 애정은 대단하셨다. 지금은 선생님의 뒤를 제자인 오와다 슈지(大和田 秀二) 교수가 대리하고 있다.

이 EARTH를 통하여 학술교류는 물론이고 아시아 5개국에서

EARTH1991(1991.11.5) 일본 와세다대학에서 한국대표들
국남표(전남대), 표재호(POSCO), 고윤화(환경부 계장, 현 기상대 대장),
송재홍(유봉건설), 오종기(KIST), 신형기(RIST), 원창환(충남대), 이근원(산업안전교육원),
박형규(KIGAM), 김석환(현대산업), 이동휘(KIST), 신방섭(전남대), 김영기(재미기업인), 오재현, 도갑수(숭실대)

리싸이클링을 연구하는 친구가 많이 생겼다. 학술교류도 인간관계부터 시작된다는 것을 생각할때, 하라다 선생님의 앞을 내다보는 예리한 통찰력에 머리가 수그러진다.

2015년 태국이 EARTH의 식구로 가입되었다. 동아시아에서 동남아시아로 넓어졌다. 이번 EARTH2019에는 태국에서 12명이나 참가하였다. 그 중 태국 정부기관의 공무원 6명이 참석하여 열심히 발표를 듣고 있었다. 아프리카에서 중동에서 그리고 미국에서도 참가자가 있었다. 300명이 넘는 리싸이클링식구가 한국의 오지 평창에서 3박 4일을 같이 보냈다.

EARTH 창설에 동참하고, 한국의 명예조직위원인 필자는 졸수가 지난 늙은이가 되었다. 그래도 이 생명이 다 할때까지 EARTH를 지켜보고 발전시켜야할 의무를 지니고 있다. 가슴벅찬 EARTH2019를 마무리하면서 성공리에 EARTH2019 개최를 주도한 L교수, Y교수에게 다음과 같은 글을 보내어 두 교수님과 민지원 실장의 노고를 위로하였다.

L교수, Y교수님에게

노심초사하던 EARTH2019가 끝나고 1주일이 경과되었습니다.

피로가 좀 풀리셨는지요.

L교수, Y교수 그리고 사무국의 민지원 실장의 1년 가까운 고된 준비와 행사 당일의 빈틈없는 관리 덕택으로 별 탈없이 무사히 EARTH2019를 마칠수 있었습니다.

외국에서 온 참가자로부터도 이번 대회가 대성공이었다고 칭찬을 받고 있습니다.

우리나라에서 EARTH를 개최할 때마다 EARTH 행사의 수준을 일단 높이고, 참가국의 선도 역할을 해왔습니다. 이번에도 두 분 교수님과 민 실장의 지혜와 헌신적인 노력으로 우리의 목적이 달성되었다고 자

부됩니다.

이제 10년 후 EARTH2029가 우리나라에서 개최됩니다.

그때도 세분이 중심이 되어 더욱 완벽하고 향상된 행사가 되리라고 믿고 있습니다.

세분의 노고에 깊은 감사를 드리고 또 기대합니다.

고맙습니다.

(2019년 10월 23일 기)

17

드라마 '허준'

17

드라마 '허준'

최근 밤에 드라마 '허준(許浚)'을 보는 재미가 이만저만이 아니다. 8시 50분부터 시작하여 10시까지 70분 동안에 2회가 연속 상영된다. 며칠 전 145회를 끝으로 마감되었다. 시청시간을 계산해 보니 약 85시간이 소요되었다. 오리지널 드라마 〈허준〉을 시청한 것은 기억이 희미하지만 1999~2000년 MBC에서 방송한 이병훈 연출의 〈허준-궁정의관의 길〉이 아닌가 싶다.

지난 봄 TV 채널을 돌리다가 우연히 Done(방송국)에서 역사드라마만 재생방출하고 있는 것을 알았다. 그리고 저녁시간에 〈허준〉 프로그램을 발견하였다. 같은 것을 봄에도 보고 가을에도 보았다. 총 세 번 본 셈이다. 몇 번을 보아도 또 보고 싶다. 등장 인

물이, 등장 장면이, 그리고 스토리가 몇 번을 보아도 신선하고 감동을 준다. 특히 '허준'이 마지막 생을 마감하는 신, 환자에게 침시료 중 몽롱한 상태가 되고 부인의 가슴에 안겨 숨을 거두는 신은 노후를 어떻게 살아야하는가 하는 답이 되고, 나 같이 졸수를 넘긴 늙은이에게는 부럽기만 하다.

'허준'은 1546년(명종 1년) 3월 5일 능곡(현, 경기도 김포군 양촌면 공암리)에서 대대로 떵떵거리고 살아온 양반 '허륜'의 서자(庶子)로 태어났다. 서자는 과거시험도 볼 수 없고, 양반(兩班)이 될 수 없었다. '허준'이 뛰어나게 우수한 청년으로 자랐지만 서자라는 차별대우를 받아야 했다. 이조시대 고관대작 양반은 예외 없이 첩을 얻었고, 첩을 얻어야만 양반의 관록을 유지하고 체면을 세웠다. 그런데 그들이 첩에서 낳은 자기 자식(서자)을 그들 스스로가 괄시하는 차별제도를 만들었으니 모순된 비인간적인 처사라고 할 수 있다.

이 시기보다 약 반세기를 앞선 조광조(趙光祖, 1482~1519)는 이러한 차별사회를 개혁하려고 시도하였다. "태어날 때부터 천한 천민(노비, 백정 등)은 없다. 사람의 생명은 평등하게 귀한 것이다. 태어날 때부터 인격이 완비된 양반도 없다. 배우지 않으면 양반도 동물과 같다. 배운 자는 천민이라 할지라도 신분이 바뀌는 것은 도리이다. 출생에 따라서 신분이 결정되는 것은 부조리이다."라고 역설하였다.

천민은 관리의 허가 없이는 상민(常民)이 사는 부락(마을)에 출입할 수 없다. 천민에게만 부과된 법률이다. 그러므로 그들은 그들의 집단부락을 만들어 독자적인 생활방식을 만들었다. 지금에 전달되는 민속예술은 그들의 생활 산물이다.

사회 밑바닥에서 만들어진 민속예술, 그것은 허식과 기만을 모르는 사람들의 혼의 표현이다. 조광조는 그들의 생활을 목격하였다. 이러한 조광조의 사회개혁 노력에도 불구하고 이조시대의 계급사회, 차별제도는 확고하였다.

허준은 22세가 되어서 어머니 손 씨 부인과 둘이서 고향을 떠났다. "양반은 못될망정 여러 사람이 다 아는 여기서 푸대접 받으며 살게 하기는 나도 괴롭다. 여기를 떠나서 너희들에 대해 아무것도 모르는 곳으로 가거라." 아버지 허륜은 이와 같은 말과 함께 돈 한 꾸러미를 건네주었다. 김포에서 무려 열흘이 걸려 일천일백리 길을 걸어, 두륜산 산음현(현, 지리산 아래 산청군 생초면)에 자리를 잡았다. 지금 관광지로 알려진「동의보감촌」이 아닌가 싶다.

'허준'에게 일생일대의 행운은 이곳에서 '유의태 의원'과의 만남이다. 유의태 의원은 널리 알려진 명의원이고 인품이 출중하였다. 당시 의술은 학문이 아니라고 해서 귀하게 여기지 않았다. 의원은 상민이나 중인들이 갖는 직업이었다. 그러나 의원은 양반이 아니면서도 양반과 같은 대접을 받았다. 그래서 허준은 유의태 의원의 문하생이 되어 의술을 익혀야겠다는 생각을 했다. '허준'은 차별대우 받는 서자 신분을 벗어나는 것만이 최고의 바람이었다. 약초장이로 입문하여 약재관리인 그리고 의술공부, 허준은 유의태가 지닌 의술을 배우기 위하여 늘 가까이했다. 심의(마음을 편하게 해주는 인품을 갖춘 의원)가 되게끔 교육을 받았다. 유의태의 양녀 예진 아가씨의 위로와 격려와 도움을 암암리에 많이 받았다. 반면 유의태의 아들 '도지'의 시기에 시달리곤 하였다.

어느 날 허준은 유의태에게 취재(取才)에 대하여 문의하였다. "취재(取才)란 나라에서 실시하는 의원 시험인데, 이 시험에 합격하면 내의원(궁궐에서 일보는 의원)이 되고, 양반들과 같이 대우를 받을 수 있는 높은 벼슬까지 할 수 있는 특혜를 받는다. 그래서 의술을 익히는 사람이라면 이 취재를 넘보지 않은 사람은 없다. 내의원만 되면 최고의 의원으로 인정받게 되는 것이다." 유의태로부터 이와 같은 이야기를 듣자, 허준의 생활 목표가 뚜렷해지고 가슴이 방망이질 쳤다.

어느덧 허준이 유의태 의원 밑에서 일한지 6년이 되었다. 그러나 유의태 의원은 병자를 보는 것을 절대 허락하지 않았다. "무슨 소리! 병자는 실험대상이 아니니다." 허준은 아무 말도 할 수가 없었다. 얼마 후 유의태의 지시로 중풍으로 마비되어 반신불수 상태의 고을 현감을 지낸 양반집에 파견되어 진료하도록 하였다. '허준'은 마음을 가라앉히고 양반 어른의 진맥에 들어갔다. 맥을 짚고 있는 허준의 모습은 흔들림이 없었다. 시간이 흐르자 병자와 한 몸이 되었다. 병자의 맥이 허준의 손을 타고와 느껴졌다. 삼일 후 아주 조심스럽게 그리고 정확히 침을 놓았다. 허준이 얼굴에 송골송골 땀이 솟았다. 그렇게 열흘이 지났다. 병자의 손이 슬그머니 움직이기 시작했다. 허준은 자신의 눈을 의심했다. 대성공이다. 유의태의 얼굴에 오랜만에 웃음이 번졌다. 그리고 '허준'을 병자를 다루는 의원으로 독립시켰다. 허준의 의술은 침과 탕제에 두루 뛰어났다. 유의태는 더욱 정성으로 허준에게 교수하고 훌륭한 제자를 둔 것이 큰 보람이었다.

어느 날 내의원 의원을 지낸 친구 안 의원이 유의태를 찾아왔다. 유의태의 안색이 안 좋아 걱정이 되어 유의태를 눕혀 놓고 진맥을 하였다. 유의태가 번위(위암)를 앓고 있음을 발견했다. 그런데도 유의태는 조금도 흔들림이 없었다. 죽음과 같은 것은 평범한 일에 불과하다고 생각하는 사람이었다. 요즘 들어 유의태는 허준에게 더욱 정성을 쏟았다. 몸을 직접 내 맡기면서 실습을 시키기도 하였다. 그러나 유의태의 몸은 점점 야위어 갔다. 유의태는 갑자기 집을 나섰다. 심부름꾼을 시켜 허준과 안 의원이 도착하기 직전 지리산 천왕봉 얼음골 동굴 속에서 자결하였다. 그리고 유의태의 손에는 다음과 같은 유서가 쥐어져 있다.

준이 보아라. 나는 내게 죽음이 닥쳐왔음을 이미 알았다. 예정된 죽음이니 어찌 두렵기만 하겠는가? 기꺼이 죽음을 맞겠다. 의원이란 병의 정체를 밝혀 제 목숨 다하는 날까지 병 없이 사는 세상을 만드는 것이 소망이다. 나는 이미 나의 명을 다했으니 제자 허준을 위해 나의

이 몸을 실험물로 준다. 썩기 전에 어서 내 몸을 열고 오장육부의 모습을 보고 또 번위라는 병이 어떻게 생겼는지 헤쳐 보기 바란다. 그리고 살과 뼈의 구조도 살피고 인체를 잘 관찰하여 이 나라의 큰 의원이 되기 바란다.(책, 정문식 지음, '허준'에서 인용)

'허준'은 스승의 몸을 안고 목메어 울었다. 유의태의 몸은 점점 싸늘하게 식어갔다. "자, 어서 칼을 들어라. 스승의 고귀한 유언이다." 안 의원의 목소리가 떨렸다. "못하옵니다." 허준이 맞섰다. 안 의원의 엄숙하고 지당한 설득에 못 이겨 허준은 칼을 들었다. 그리고 오장육부를 들어내고 그림에 담았다.(책에서는 '허준'은 끝내 스승님의 몸에 칼을 대지 않았다고 되어 있다.) 스승님의 거룩한 죽음 앞에 '허준'은 우리의 의술을 위하여 일생을 바치겠다고, 몇 번이고 다짐하였다. 서자로 맺힌 한을 풀려고 시작했던 의술공부가 이제는 일생을 바치어 할일로 바뀐 것이다.

다음해, 1574년(선조 7년) '허준' 나이 29세 되던 해, 취재시험에 수석 합격하여, 18품계 중 종8품 봉사직을 제수 받았다. 이해부터 1608년(광해군 초년)까지 24년간 영욕에 얼룩진 내의원 생활이 계속되었다. 당파(서인, 동인) 싸움에 휩쓸리지 않고 자신이 할 일에만

전념하였다. 그리고 부당한 일은 어떤 부탁도 과감히 거절했다.

'허준'은 항상 정직하였고 목숨을 두려워하지 않았다. 왕자 임해군의 온몸에 종기가 나 치유가 난감할 때 주위의 반대를 무릅쓰고, 지렁이를 이용하여 치료를 했다. 광해군이 학질에 시달릴 때, 빗물에 비산 푼 물을 마시게 하여 치료했다. 이때 치료가 성공하지 않았더라면 살아남을 수 없었다. 목숨을 건 처사는 진실이고, 진실은 아름답다. 드라마 '허준'은 시작에서 끝까지 아름다웠다. "정직의 사회적 가치는 진실이고 진실한 삶의 결과는 정직이다. 진실과 정직은 윤리적 규범과 실천의 절대적 가치다. 사회 모든 분야 지도자는 그 모범을 보여 줄 의무와 책임이 있다." 위 글은 김형석 선생의 백세일기(조선일보, 2019. 12. 21)의 일부분이다.

'허준'은 몽진중의 선조임금을 알뜰히 받들어 임진왜란을 겪고, 정유재란을 당한 뒤 임금으로부터 양평군 정일품 보국승록대부에 제수되었다. 임금 자리에 오른 지 41년째인 1608년 2월 1일 선조임금은 조용히 눈을 감는다. 임금이 바뀌어 광해군이 즉위하자 평소 '허준'을 미워하던 조정대신들은 "의관 허준은 어의로서 제 임무를 다하지 못한 책임을 물어 관직을 면탈하고 유배를 시켜야 하옵니다."라고 끊임없이 상소를 올렸다.

허준 '동의보감'

광해군은 대신들의 거센 상소를 도저히 물리칠 수가 없었다. 그리하여 '허준'은 예순셋의 늙은 몸으로 죄인이 되어 귀양살이를 떠나게 되었다.

'허준'은 오히려 흘가분했다. 이제 모든 것을 떨쳐 버리고 의술 서적의 편찬에 몰두할 수 있다고 생각했기 때문이었다. 귀양살이 2년째에 드디어 우리 조선사람의 체질과 조선의 풍토에 맞는 의술서 「동의보감」이 완성되었다. 선조 임금의 명을 받들어 착수한지 15년 만의 결실이었다. 이때가 허준이 나이 예순 다섯이었고, 광해군 즉위 2년(1610년) 8월이었다. 이 저술의 공을 세워, 광해군은 의관 '허준'을 유배에서 풀고 관직을 다시 복직시켰다. 그리고 어의로 임명하려 했다. 그러나 '허준'은 정중하게 사양했다. 조선 팔도를 두루 돌아다니며, 건강도 회복하고 곳곳에서 병에 시달리고 있는 백성들을 찾아가 그들을 돌보고 싶었다. 의원이란 병자를 떠나

日本磁力選鑛(株) 견학을 마치고(2019. 11. 28)
앞줄우측에서 문양, 필자, 국만호사장, 大失仁史교수, 田吹憲司공장장

서 존재할 수 없는 것 아니옵니까 라고, 간청하였다. 임금은 한참 동안 말없이 고개만 끄덕였다.

허준은 오랜만에 홀가분한 몸이 되어 조선팔도를 돌아다닐 수 있었다. '허준'은 한곳에 머무는 법이 없었다. 병을 찾아 여기저기 떠돌아 다녔다. 이렇게 무리를 하니 자연히 건강이 나빠졌다. '허준'은 시술 중 쓰러지고 부인 가슴에 안기어 눈을 감았다. '허준'의 나이 일흔 살이었고, 때는 1615년(광해군 7년)이었다. 허준이 시신 옆에 스물다섯권의 의술서 「동의보감」이 나란히 놓였다. 칠십 생애를 조선의 의술에 바친 '허준'은 갔다. 그러나 「동의보감」으로 다시

北九州에코타운 견학을 마치고(2019. 11. 29)
좌측에서 大失仁史교수, 문양, 필자, 外川健一교수

태어나서 조선 땅 곳곳에 살아 있다. 초상을 치른 수일 후 '허준'의 묘에 예진아씨가 다가와 못 다한 정과 사랑을 덮고, 홀로 쓸쓸이 멀리 떠났다.

3회째 드라마 「허준」의 시청이 끝난 것은 2019년 10월 초였다. 가슴이 뜨거운 감동을 글로 남기려고 칼럼 〈드라마 '허준'〉을 쓰기 시작하였다. 그러나 평창 알펜시아 리조트에서 EARTH2019의 개최(2019.10.13~16), SPNature 사장 이하 4인을 인솔하여 日本 北九州리싸이클링 산업시찰(2019.11.27~28), 12월 3일 집사람이 부엌에서 넘어져 오른 손목을 다쳐 통원치료와 집안살림, 등등이 작용하여 이제 겨우 탈고하였다. 北九州리싸이클링 산업시찰은 정말 어려운 일이었다. 졸수를 넘긴 늙은이라 여러 가지 면에서 부담이 컸다. 실제 공장 견학 도중 문양의 부축이 없었더라면 몇 번인가 넘어질 뻔 했다. 이렇게 무리하고 위험한 결정을 할 때 드라마에서 본 '허준'의 생애가 영향을 안 주었다고는 말할 수 없다.

(2020년 1월 5일 기)

18

선광·제련을 거쳐 간 사람들의 기억속에서

18

선광·제련을 거쳐 간 사람들의 기억속에서

일본에서

선광공학(選鑛工學)과 인연을 맺어서 65년의 세월이 흘렀다. 1955년 4월 홀연히 도쿄(東京)를 떠나 센다이(仙台)에 있는 도호쿠대학(東北大學) 자원공학과의 연구생이 되어, 선광공학연구실에 입문하였다. 시모이자카준소(下飯坂潤三) 조교수 밑에서 1년간 호되게 훈련을 받았다.

下飯坂 교수(당시 조교수)는 도쿄대학 화학과 출신으로 공과대학 출신에 비하여 화학적인 지식이 월등히 강하였다. 이러한 배경

으로 부선방법의 개발과 신소재의 탐색에 독보적인 업적을 발표하였다. 필자의 연세대학교 후반기 연구실명을 소재공학연구실로 바꾸고, 대부분의 대학원생이 '페라이트자석'과 '자성유체'를 연구하여, 전자산업에 진출하게 된 것은 下飯坂 교수의 조언과 시사가 크게 작용한 것이다.

아민아세테이트를 포수제를 사용해서 석영(SiO_2)의 부선특성을 연구하여, 보고서를 제출하고 1956년 3월 仙台를 떠나 도쿄로 돌아왔다. 이왕 연구할 바에야 대학원에 입학해야겠다는 생각이 들어 모교 와세다대학(早稲田大學) 대학원에 입학하였다. 와세다대학 4학년 필수인 졸업논문연구는 지질·광상학(地質·鑛床學)연구실에 배속되어 「가네우찌광산(鐘打鑛山)의 지질·광상」 연구를 택하였다. 광산 필드조사 시 뱀이 무서워 대학 졸업 후 '지질'에서 '선광'쪽으로 방향을 바꾸었다. 대학원 석사(수사)과정 2년간은 선광연구실 하라다 다네우미(原田種臣) 교수(당시 조수)의 지도아래 즐거운 연구생활을 보냈다. 原田種臣 교수는 日本에서 「자원리싸이클링공학」을 제일 먼저 개척한 분으로, 오늘날 EARTH(동아시아 자원리싸이클링 국제심포지엄)는 原田 교수께서 창설하여 발족시킨 것이다. 필자가 연세대학교를 퇴임 후 25년간 자원리싸이클링 기술개발에 심취할 수 있었던 것은 原田 교수와의 교분과 격려가 있었기에 이루어진 것이다.

1987년 7월, 과학기술처의 해외 단기 학술 연수 프로젝트에 의하여 필자가 1개월 간 와세다대학 原田연구실에 가 있었다. 그때, 原田 교수의 자택에 기숙하였다. 무더운 여름철 1개월간이라는 장기간 原田 교수 댁에서 침식을 같이하며, 출퇴근을 같이 하였다. 아침 출근 시 교외선 혼잡에 시달리면서 '이것도 운동이라고 생각하면 즐거워'라고 서로 얼굴을 맞대고 씩 웃었다.

밤에는 11시, 12시가 가깝도록 맥주를 마시면서 부인과 셋이서 열띤 대화가 오가고, 때로는 인생론에 열중하였다. 이때 우리들은 나이가 60세 전후로, 마치 20, 30대와 같았다.

4년간의 대학 학부생활, 2년간의 연구생 생활, 2년간의 대학원 석사과정, 이렇게 유학을 마무리하고 1958년 3월 일본을 떠났다. 그러나 평생 일본과의 인연은 이어지고, 상기와 같은 두텁고 끈끈한 정과 신뢰를 구축하게 된 것은 일본유학의 또 하나의 결실이라고 할 수 있다.

● *1950년대의 선광공학을 담당한 교수님들*

1958년 3월에 귀국하여 4월부터 인하공과대학 광산학과에서 봉직하기 시작하였다. 손병찬 교수(孫秉讚, 1920년생)가 선광공학을 담당하고 있어 나는 광산보안학, 광산설계 및 광물분석실험 등을 담당해야 했다. 손병찬 교수는 경성광산전문학교(서울대 공대의 전신), 九州제국대학 채광야금학과를 졸업 후 대명광업, 구봉광산 선광과장을 지내신 분으로 당시 자타 공히 인정하는 우리나라 선광공학의 제1인자였다. 나는 손 교수와 같이 화공관 2층 교수실의 서해바다를 바라보는 창가에 나란히 책상을 두고 있었지만, 선광공학 근처에는 한 발짝도 다가갈 수 없었다.

당시 우리나라에는 서울대학교, 전북대학교, 전남대학교, 한양대학교, 조선대학교, 인하공과대학, 청주대학교 등 7개 대학교에 광산공학과(자원공학과)가 설치되어 있었지만 선광공학 전공교수는 손병찬 교수와 전북대학교의 이강문 교수(李康文, 1916년생), 두 분뿐이었다. 서울대학교는 금속공학과 최호영(崔浩英) 교수가, 전남대학교는 이광문 교수가, 한양대학교는 채광전공 교수인 주석복(朱錫福) 교수가, 청주대학교는 지질전공 교수인 신병우(申炳雨)

교수가 선광공학을 담당한 것으로 알고 있다.

이강문 교수는 1941년 관립 경성광산전문학교 채광학과를 졸업 후 곧바로 노량진에 소재한 조선총독부 산하기관인 연료·선광연구소(燃料·選鑛硏究所)에 입소하여 선광연구를 시작하였다. 8.15 해방 후에는 전북대학교로 옮기어 1982년 2월 정년퇴임까지 40년 간, 선광을 연구하고, 교육한 필자와는 한 바퀴 위인 우리나라 선광 1세대의 원로 교수였다. 전북대학교 재직 중 6개월 간 호주 멜버른대학에서 연구한 바 있고, 전남대학교 광산학과 초창기 겸임 교수로 선광공학을 강의하셨다.

이강문 교수 불멸의 업적은 1980년 광물처리공학(鑛物處理工學)의 명저를 출판한 것이다. 강의노트를 매년 다듬고 새로운 것을 추가한 이 명저에는 문장 하나하나에 이 교수님의 정성과 얼이 담겨져 있다. 그리고 내용과 표현에 숙고하고 고민한 흔적이 뚜렷하다. 이 명저가 출판되어 40년이라는 세월이 흐르고, 많은 후학 교수가 배출되어 활동하고 있으나 이강문 교수의 '광물처리공학'을 능가한 책을 아직 보지 못하였다.

1950년대는 6.25 동란을 시작으로 우리나라의 일대 시련기였다. 폐허에서 대학의 모양새만 겨우 갖춰야 했던 시대라 대학에서 연구한다는 것은 꿈도 꿀 수 없었다. 강의 위주의 공과대학에 만족해야만 했다. 참고적으로 1980년대 선광공학 담당교수로 기억나는 분을 다음에 적어 둔다.

▲ 서울대학교 : 김연식	▲ 전남대학교 : 신방섭
▲ 연세대학교 : 오재현	▲ 동아대학교 : 강헌찬
▲ 한양대학교 : 황기엽	▲ 조선대학교 : 한오형
▲ 인하대학교 : 조동성, 박찬훈	▲ 청주대학교 : 장광택
▲ 전북대학교 : 윤평란	▲ 강원대학교 : 이재장

● *1960년대의 선광·제련연구소_1*

1959년 미국 Minnesota대학에서 박사학위를 취득한 최형섭(崔亨燮) 박사가 귀국하였고, 또 서울대학교 금속공학과 조교였던 김연식(金淵植) 선생도 석사학위를 받고 귀국하였다. 두 분 다 금속공학과 Cook교수 밑에서 부유선광(Flotation)의 기초적 연구를 수행하였다. 당시 Minnesota대학에서는 Cook교수, Iwasaki조교수

체제 아래 우수한 대학원 학생이 연구하고 있어, 미국에서 으뜸가는 연구업적을 계속 발표하고 있었다. 특히 산화광물의 부선이론을 확립하는데 기여가 많았다.

귀국 후 원자력연구소 소장직을 맡고 있던 최형섭 박사가 1962년 대한중석, 대한철광, 대한석탄공사 및 한국광업제련, 소위 국영광업 4사의 지원을 얻어 (재)금속 · 연료종합연구소를 설립하였다. 통의동(通義洞)에 신축한 광업회관 3,4,5층을 차지하였으며, 구모는 적었으나 수준 높은 한국에서는 처음인 민간연구소였다.

상근연구원, 비상근연구원, 대학원장학생을 합하여 50여 명이 선광연구실, 제련연구실, 화공연구실, 연료연구실 및 화학분석연구실로 배속되어 있었다. 그러나 연구소 중심은 선과연구실과 제련연구실로 선광 및 제련연구소와 같은 성격을 나타내고 있었다. 선광연구실에는 최형섭 박사 아래, 김연식, 오재현, 황기엽(상근) 연구원이 버티고, 소위 선광 3인방으로 최형섭학파의 중심 연구원으로 통하고 있었다. 선광연구실의 대학원 장학생으로 한국남(미국 South Dakota School of Mines & Technology의 석학교수), 윤여환(미국 Virginia Polytechnic Institute & State Univ.의 교수, 부총장 대우), (故)백영현(고려대학교 명예교수), 이동휘(KIST 한·러센터장) 박사 등이 배출되었고, (故)한정인 연구원과 이옥규 기술인이 있었다. 그리고 한때 촉탁으로 김주영(후, Canada Noranda 연구원)과 유택수 기술사가 파견 근무하였다.

제련연구실에는 윤동석(尹東錫), 김재원(金在元), 두 서울대 교수가 비상근책임연구원으로, 고창식(高昌植) 박사가 상근연구원으로 재직하고 있었다. 윤동석 교수 아래 조정완(趙正完, 후 한양대 교수) 대학원 장학생이 금속학회지를 편집하고 있는 모습이 기억에 남아 있다. 당시 윤동석 교수는 대한금속학회 회장이었고, 1963년에 금속학회지 창간호가 발행되었다. 김재원교수 아래에는 이동녕(李東寧, 후 서울대 교수), 이재영(李在英, 후 KAIST 교수) 대학원 장학생이 연구하고 있었다.

고창식 박사는 대한중석에서 파견된 황용길(黃龍吉, 후 동아대 교수) 연구원과 한국광업제련에서 파견된 이정용(李廷龍, 후 온산동제련 전무) 연구원과 같이 연구하고 있었다. 고창식 박사는 필자와 와세다대학 동기동창으로 일본 東北大學 대학원 금속공학과에서 납정련으로 박사학위를 받고 귀국한 후였다. 그래서 필자는 대한중석

과제로 고 박사와 같이 연구하기도 하였다. 황용길 교수는 대한중석 퇴직 후 동아대학교 금속공학과를 창설하였다. 그 전에 경남 양산에 제강분진에서 아연을 회수하는 공장을 건설하기도 하였다. 우리나라에서 자원리싸이클링을 처음으로 시도한 선구자였다.

1967년 3월 필자는 인하공과대학을 사임하고, 금속·연료종합연구소 책임연구원(선광연구실장)으로 자리를 옮겼다. 그리고 2년 후, 1969년 3월 연세대학교로, 다시 대학으로 돌아갔다. 그 2년간은 주로 대한중석의 부선공정개선에 매달렸다. 대한중석에서 김재순, 김금봉 연구원이 파견되고, 이동휘, 한정인 연구원과 필자 5명이 UNKRA가 설립한 대전광물시험소에서 2회에 걸쳐 Pilot 시험을 수행하였다. 그리고 상동광업소에서 2회에 걸쳐 현장시험을 수행하였다. 연구자로서 매우 귀중한 경험이었고, 연구결과를 현장에 적용하기가 얼마나 어려운가를 실감하였다. 시험결과의 해석에 있어서 회사와의 갈등을 빚었다. 그래서 연구소를 떠났다.

1971년, 금속·연료종합연구소가 KIST로 통합되었다. 연구소의 선광연구실은 KIST의 제련연구실에 몽땅 자리 잡았다. 실장 황기엽, 연구원 이동휘, 김주영, 기술원 김형원. 1973년 김주영 연구원이 Canada로 이민을 가는 바람에 그 자리에 오종기 박사가 자리 잡았다. 체제가 바뀌는 탓으로 제련연구실이라는 이름은 없어졌지만 인맥은 이화영 박사로 계속 이어지고 있다.

● *1960년대의 선광·제련연구소_2*

한국지질자원연구원(KIGAM)의 광물자원연구본부 자원회수연구센터 및 자원활용연구센터의 원조는 1922년 10월 13일 설립된 조선총독부 산하 '연료·선광연구소'와 1954년 3월 9일 설치한 UN 산하 UNKRA '대전광물시험소'이다. 이 두기관이 통합, 분리를 거듭하여 오늘의 KIGAM 광물자원연구본부의 근간을 구축하였다.

노량진에 설립된 '연료·선광연구소'에는 한국인 최호영(경성고공 출신), 김성호 등이 근무한 것으로 기록되어 있으나 시기는 알 수 없다. 전기 이강문 교수가 1941년부터 1945년까지 근무했다. '연료·선광연구소'는 1927년부터 1943년 까지 34권의 「선광·제련시험보고」를 발간하였다. 대전광물시험소의 초창기 소장은 미국인 호스킨스(CL, Hoskins)씨였고, 한국인은 광물감정 : 김원조, 이언진, 선광 : 노해룡 외 수명, 분석 : 장원표, 김영철, 사무 : 한남석 제씨로 기록되어 있다.

필자가 대한중석과 공동으로 대전광물시험소에서 상동광산 회중석광의 어유(魚油) 대체 부선 파이롯시험을 수행한 것은 1967년 가을이었다. 당시 대전광물시험소는 국립광업연구소 산하로 광산조사과, 채광과, 선광과, 제련과, 분석 및 사무과로 구성되어 있었다. 1회 파이롯트시험에 20일이 소요되었으며, 2회 40일간을 대전광물시험소에서 보냈다. 당시 대전광물시험소 선광과장은 조명승(曺明丞)씨, 제련과장은 김정국(金政國, 후에 고려대교수, 캐나다 이민)씨였다. 선광과에는 황선국, 홍성웅씨 등 여러분이 있었다. 국립광업연구소 정인복(鄭寅福) 소장은 중앙지질광물연구소 시절 선광 과장을 지내신 분으로 선광에 대한 애착과 관심이 매우 높았다. 그래서 '선광시험연구보고'가 제1회(1968)~제7회(1972) 발간되었다.

한편 1968년 10월 29일에는 정인복 소장과 선광과(과장 조명승)가 주동이 되어 '제1회 선광·제련 연구 세미나'가 개최되었다. 이 세미나는 1990년 제15회를 마지막으로 막을 내렸다. 조명승 부장의 열의와 선광과의 여러분의 노력으로 학계와 연구계 그리고 현장 산업계에서 많은 분이 참석하여 22년이라는 장기간 세미나가 지속되었다. 선광, 제련에 종사하는 동료들이 한자리에 모여 토론하고 의견을 교환하는 이 모임에서 서로 친분을 두텁게 하였다. 돌이켜 보니 이 시기처럼 결속하여 즐겁게 선광·제련을 연구하고 발전시킨 일은 없었다.

1963년에는 '대한금속학회지'가 창간되었고, 1964년에는 '대한광산학회지'가 창간되었다. 이 창간호에 전남대학교의 고(故) 신방섭(申芳燮) 선생의 형석(螢石) 부선에 관한 논문이 게재된 것으로 기억된다. 1960년대에는 이렇게 연구 분위기가, 연구 환경이 향상되었다. 한국자원연구소 시대(1991~2001), '선광·제련 연구 세미나'의 후속으로 1996년 6월 26일 '제1회 자원재활용Workshop'이 개최되었다. 얼마나 오래 지속되었는지는 기억이 안 난다.

● *선광 · 제련의 현장을 찾아서_1*

■ 대한중석 상동광업소

1958년 여름 방학 때 학생 현장실습지도의 명분으로 대한중석 상동광업소를 방문하였다. 상동광산은 일제 강점기부터 개발한 광산으로 우리나라 금속광산의 대표로, 규모가 큰 광산이고 수준 높은 회중석($CaWO_4$)의 부선공장을 조업하고 있었다.

1962년 필자가 (재)금속·연료종합연구소의 비상근 연구원이 되자, 오지 중의 오지인 상동광산을 수없이 드나들었다. 회중석광의 부산물로 회수하는 휘창연광+휘수연광의 혼합정광으로부터 양자의 분리부선이 필자의 과제로 선정되었다. 1958년 당시 제련과에는 김성수(金星秀, 후 영남대학교 교수)와 이응조(李應祚, 후 교려대학교 교수) 두 분이 있었던 것으로 기억된다. 이 혼합정광을 반사로에서 휘창연광(Bi_2S_3)을 우선 산화 배소하여 부선에서 휘창연광을 억제하고 휘수연광을 부유시키는 조업을 하고 있었다. 하루 1,500톤을 처리하는 회중석의 부선공장에는 도경(都慶) 선광과장 아래 옥광호(玉光鎬), 이종대(李鍾大) 등 여러분이 있었고, 선광연구실에는 김금봉(金錦鳳) 연구원이 꾸준히 연구하고 있었다.

1967년 말과 1968년 초 2회에 걸친 상동광업소 어유(魚油) 대체부선 현장 시험 시는 이종대 선광과장 아래 인하공대 제자인 김석기(金錫基) 사원과 송경호(宋暻鎬) 사원이 근무하고 있었다. 한편, 선광연구를 위하여 1976년에는 이무섭(李武燮) 사원을 1년간 영국에, 1978년에는 윤철노(尹哲老) 사원을 1년간 일본(東京大)에 파견하였다. 모두 우리나라 선광의 엘리트였다. 1962년 9월에는 영등

포구 문래동에 넓은 땅(27,413평)을 확보하고 제련소를 건설하여 상동(上東)의 제련과를 옮겨오고 휘창연정광을 헤로숍프로로 산화배소하였다. 서울제련소 초대소장(1962.9~1964.9) 고창식 박사는 새로 도입한 헤로숍프로의 정상조업에 심혈을 기울였다. 이 휘창연정광은 산화배소 후 Zone melting법으로 고순도 금속 창연으로 최종 상품화되고, 한때 대한중석의 인건비를 충당할 정도였다.

제련소 일각에 연구실을 만들어 이원해(李源海, 후 한양대학교 교수), 민경록(閔庚錄, 후 뉴욕사무소 소장), 이상래(李相來, 후 부산대학교 교수) 등 여러분이 Bi Zone melting 작업과 화학분석 연구를 하고 있었다. 제련소는 1975년 4월에 본사(전해 서울에서 이전)가 있는 경북 달성군 가창면 용계동으로 이전하였다. 친분이 있

▲ 1대 고창식(高昌植) : 1962. 9 ~ 1964. 9

▲ 5대 박종태(朴鍾泰) : 1968. 5 ~ 1968. 6 (후, POSCO 사장)

▲ 7대 도경(都慶) : 1969. 3 ~ 1972. 4

▲ 9대 민경록(閔庚錄) : 1972.12 ~ 1974. 8

▲ 10대 옥광호(玉光鎬) : 1974. 8 ~ 1975. 3 (후, 호주이민)

는 위와 같은 소장 재임 시에는 제련소에 자주 왕래하였다.

민경화(閔庚和, 후 인하공전 학장) 계장은 1973.11.1 발족한 합금철(FeMo) 연구반 반장을 맡고 있었다. 1972년에는 이상래 연구원을 코롬보프랜으로 영국에 유학시켜 박사학위를 취득하게 하였다.

■ 문경 시멘트공장

1959년 여름 방학 때는 제비표 문경 시멘트공장을 방문하였다. UNKRA의 원조로 건설(1957년 준공)된 이 공장은 보기 드문 석회석 부선공장이었다. $CaCO_3$ 72% 품위의 석회석을 1,000톤/일 부선 처리하여 $CaCO_3$ 80%로 높여 시멘트원료로 사용하고 있었다. 당시 한기성(韓基成, 후 인하대학교 교수) 사원이 안내한 것으로 기억된다.

6.25 휴전 직후 UNKRA는 우리나라 산업부흥을 위하여 충주 비료공장, 인천 판유리공장 그리고 문경 시멘트공장을 건설하였다. 원료를 우리나라에서 조달할 수 있는 종목으로 한정하였다. 그런데, 석회석 품위가 낮은 문경에다가 왜 시멘트공장을 건설하였는지 지금도 알 수 없다. 하여튼 당시 상동광업소와 문경 시멘트가 우리나라에서 대표적으로 부선공장을 조업하고 있었다. 이러한

인연으로 1961년 인하공대 광산공학과 대학원 1회로 입학한 조동성(趙東星, 후 인하대학교 교수)군의 지도교수를 맡아, 석회석 부선으로 석사학위 논문을 작성하였다. 당시 문경시멘트는 생산 규모가 우리나라에서 제일 큰 시멘트공장이었으나, 조업수명은 길지 않은 것으로 기억된다.

1960년대, 회중석 및 석회석이 나의 주 부선연구과제였으나 맥석으로 수반하는 방해석, 형석, 석영 등의 부선 특성 연구도 동시에 수행하였다. 즉, 1960년대는 비황화광물(非黃化鑛物)의 부선 연구시대라고 할 수 있다.

■ 연화광업소(蓮花鑛業所)

1971년 7월 여름방학이 시작되자 영암선(영주 → 철암) 기차를 타고 연화광업소와 석포제련소를 향하고 있었다. 나를 안내 차 동행한 영풍광업의 안정진(安貞震) 부사장과 마주앉아 영풍광업·부평광업소의 선광이야기를 나누었다. 부평광업소의 부선(浮選) 광미(鑛尾)를 주안염전에 매립하고 있으나, 이 광미에서 운모(雲母)와 철분만 제거하면 골재(骨材)로 이용할 수 있다는 이야기이다.

이 이야기가 발전하여 연구계약을 체결하고 78만원의 연구비도 수령하였다. 영풍광업(永豊鑛業)이 선광문제로 대학교수에게 처음 연구를 맡겼다. 이 연구결과가 어떻게 처리되었는지 지금은 기억할 수 없지만 이 일이 계기가 되어 1990년대 초까지 장장 20년이라는 긴 세월동안 영풍광업과의 인연이 이어졌다.

당시 영풍광업 연화광업소는 5만톤/월 처리하는 규모가 우리나라 제일가는 납·아연광산으로 알려져 있었다. 채광에서는 총 길이 2,740m의 벨트컨베이어를 설치해 지하 600m에서 채굴이 가능하게 해 생산성을 높이고 있었고, 선광에서는 높은 납·아연광의 부선분리효율을 자랑하고 있었다. 그리고 사원을 일본·스웨덴 등으로 연수를 보내는 등 광산기술 선진화 교육에 힘을 쏟고 있었다.

나는 대학원생 곽창섭 군(후 인천대학교 교수)과 같이 섬아연광석(ZnS)의 부선에 관한 기초적 연구부터 시작하였다. 섬아연광의 부선특성, 방연광의 부선특성 그리고 섬아연광과 방연광의 부선분리특성의 기초적인 실험결과를 들고, 연화광업소 회의실에서 선광장 사원에게 정기적으로 강의를 하였다. 얼마 후에는 선광부 계장급이 2명씩 교대로 연세대학교 내 연구실에 2개월씩 파견되어 연수를 받게끔 되었다. 당시 연화광업소 선광부에 근무한 사원은 다음과 같다.

▲ 선광부장 : 김형태(金亨泰)

▲ 선광과장 : 김영한

▲ 선광계장 : 서경일, 민병헌, 임명열, 안준범, 이옥규, 유흥규

▲ 전임 선광부장 : 이진호, 민재호

▲ 본사 선광부장 : 송진곤(宋鎭坤, 호주 이민)

▲ 제2 연화광업소 선광과장 : 신희덕

연화광업소 선광공장은 세계적인 수준의 연, 아연 때로는 동, 연, 아연 부선을 조업하고 있었다. 초창기(1965년경) 이 부선 조업을 개발하고 안정화시킨 이진호 선광부장의 노고에 경의를 표한다. 1980년대 부평광업소의 일각에 본사 직속의 연구실을 설치하여 선광연구를 하고 있었다. 나는 1주일에 하루를 이 연구실에 출근하여 자문하고 있었다.

2010년대 초반으로 기억된다. 연화광업소 선광공정 조업의 달인인 김형태, 유택수 두 분을 따라 한전 영흥화력발전소 영내에 건설한 코

▲ 연구실 실장 : 이상기

▲ 연구 과장 : 한정인(후 본사 기술부장)

셉머티리얼(KOSEP Material Co.) 주식회사의 견학을 하였다. 이 회사는 아주 드물게 보는 Fly ash의 부선공장을 운영하고 있으며, Fly ash 중의 순도 높은 탄소(炭素) 회수가 목적이었다. 반갑게도 옛날 연화광업소의 안준범 계장이 이 회사의 건설본부장을 맡고 있으며, 우리를 환영해 주었다. 이마를 맞대어 현상을 주시하고 토론하던 연구 동료들이지만, 4~50년 전의 일이라 기억이 희미해지고 있다.

나의 전공분야에서 대표적인 국제회의는 International Mineral Processing Congress(IMPC) 이다. 제18회 IMPC가 1993년 5월 23일~28일 호주 Sydney에서 개최되었으며, 나는 'Sulphide Mineral Flotation by using Portland Cement as a Depressor' 라는 제목으로 발표를 하여 청중의 관심을 끌었다. 그때의 발표수단(1970년대는 두루마리 종이에 매직펜으로 적어서 발표하였다. 2003년까지는 OHP를 사용한 기억이 나며, 그 후 CD, USB로 바뀌었다.)은 OHP 였다. 논문 내용을 OHP Film에 복사하여 Film

을 Projector에서 비추었다. 영풍광업의 선광부장이었던 송진곤(宋鎭坤)씨가 호주로 이민 와서 University of New South Wales의 Scientist로 선광실험실에서 근무하고 있었고, 김명준 박사(현 전남대학교 교수)가 대학원에 재학하고 있었다. 이 두 분이 내가 강연할 때 Project 조작을 도와주었다.

선광 · 제련의 현장을 찾아서_2

비철제련의 역사

우리나라에 있어서 소위 현대적인 비철금속제련업은 1936년 충남 장항에 건설한 장항제련소가 그 효시이다. 이 제련소는 당초 금·은 제련을 목적으로 조선제련주식회사에 의해서 건설되었지만 1943년 삼성광업주식회사(三井物産계)로 넘어가 본격적으로 동제련을 개시한 것으로 되어 있다. 종전, 동란 등에 의하여 소속이 바뀌고 또는 조업이 중단되는 시기도 있었지만 하여튼 장항제련소는 1960년대의 상반기까지 우리나라 제련업의 명맥을 유지한 유일한 제련소이다.

1959년에는 선광공장(처리능력 35톤/일)을 지어 운영한 것이 이 제련소의 특징이다. 기록에 의하면 1981년까지 금·은광, 동광, 혼합광, 전로

슬래그 등을 처리하였다. 최문성(崔文星) 사원(1965.7.20~1968.3.25), 김형태(金亨泰) 사원(1968.4.20~1970. 3.17)이 선광과장을 맡았으며, 이용학(李龍鶴) 사원(1968.4.20~1970.5.9)이 연구실 과장을 맡고 있었다.

1964년 이 장항제련소에 연제련공장을, 1965년에는 동신화학(주)가 아연제련공장을 건설, 가동함으로서 동제련에 이어 연·아연 제련의 장이 열리게 되었다. 그리고 1969년에는 울산에 알루미늄제련소(대한알루미늄)가 건설되었다.

이와 같이 1960년대에는 기초소재산업으로서 제련업의 비중이 강조되어 3개소에 제련공장이 건립되었지만 모두 그 규모가 작고 동신화학, 아연제련공장(전기아연 2,500톤/년)과 같은 경우는 얼마 안 되어서 폐쇄되는 지경에 빠지고 말았다. 1970년대는 금속제련업이 타 산업과 더불어 현대화된 시대라고 말할 수 있다. 1970년에는 ㈜영풍이 경북 봉화군 석포에 석포아연제련소를 준공, 가동 9,000톤/년의 아연생산을 개시하였다.

한편 ㈜영풍과 영풍광업㈜를 대주주로 한 고려아연㈜는 1978년 온산 비철금속공업단지 내에 년산 50,000톤의 아연제련소를 건설 준공하여 아연생산을 개시하였다. 그리고 이 아연제련소와 인접해서 년산 전기동 80,000톤의 온산동제련소가 1979년에 준공되었다. 1974년 5월 정부 주도하에 한국동제련주식회사가 설립되고 2년 후에 공사 착공 시운전을 거쳐서 1980년 6월 조업에 이르기까지 이 온산동제련소에는 6년의 세월이 소요되었다. 1980년대는 특기할 만한 제련소의 탄생은 볼 수 없었지만 제련시설의 정비 확장 및 부산물의 회수 그리고 기술개발의 측면에서 볼 때 제련산업의 성장기라고 할 수 있다.

1982년 한국광업제련(주)는 온산동제련(주)를 합병 럭키금성 재벌의 계열사로 되었다. 따라서 일사 이제련소 체제로 되었으며 1983년에는 장항제련소의 귀금속 회수시설을 온산으로 이전 통합하였다. 1983년이 되어서 비로소 조업 정상화를 이룩한 이 온산제련소는 계속적으로 기술개선을 실시하여 1986년부터는 연 10만톤의 전기동을 생산하였다.

■ 금속제련분과위원회 현지연구회

1980년 7월 31일(목), 고려아연㈜ 온산제련소에서 필자 주관아래 대한금속학회 금속제련분과위원회 제1회 현지연구회를 개최하였다. 필자가 금속제련분과위원회 위원장을 맡고 있었다. 전술의 비철제련 역사에서 알 수 있는 바와 같이 1978년에는 고려아연(주)가 50,000톤/년의 아연생산을 개시하였고, 1979년에는 동 년산 80,000톤의 온산동제련소가 준공되었다. 즉 1980년은 우리나라 대형 비철제련산업이 출발하는 시점이었다. 이러한 시기에 비철제련에 관련된 현장기술자, 연구자 및 대학교수가 한자리(현장)에 모여 공장견학, 주제발표, 토의, 간담회 순으로 현지연구회를 개최하였다.

별지는 대한금속학회지(Vol.18, No.4, 1980.9)에 수록되어 있는 당시의 분과위원회 보고서(전 11페이지) 중 첫 페이지이다. 필자가 이 페이지를 실은 것은 참가자 명단이 여기에 게재되어 있기 때문이다. 지금은 고인이 되고, 또 현역에서 은퇴한 40년 전의 비철제련의 선후배들이 여기에 총 망라되어 있다. 가장 원로선배는 박평주 교수(서울대), 김택진 전무(온산동제련), 이용근 학장(오산공전 학장, 전 전북대 교수)을 들 수 있다. 백영현 박사가 고려대에 취임하기 전이다. 까마득하게 잊은 40년 전의 옛 동료들의 이름과 직장을 확인할 수 있어 감개무량하다. 격동과 시련을 겪고 우리나라 중화학공업을 발전시킨 용사들이다. 1인당 GDP가 1,600불 시대, 현재에 비해서는 말할 수 없이 가난하였지만 나라를 건설한다는 희망이 있고, 의욕이 있어 행복하였다.

끝으로 당 보고서의 후기를 여기 첨부하여 40년 전의 비철제련 가족의 모임을 상기하고자 한다.

● *후기*

본 현지연구회 개최에 있어서 온산비철공업단지의 여러 회사로부터 많은 후원을 받았습니다. 특히 고려아연온산제련소는 각별한 배려가 있었습니다. 심심한 사의를 표하는 바입니다. 그리고 지면관계상 주제 발표내용을 상당부분 삭제하였음을 송구스럽게 생각합니다.

2시간 20분간의 토의는 발언을 억제해야 될 만큼 진지하고 활발하였으며 시간이 아쉬웠습니다. 3대의 녹음기로 발언내용을 가급적 충실히 수록하였습니다. 단 누락된 것이 있어도 양찰바랍니다.

간담회에서는 약 50명의 회원이 고려아연제련소의 식당에 모여 회식을 하면서 현지연구회의 여담을 나누고 친목을 도모하며 한때를 즐겼습니다. 이번 경험을 살려서 제 2회 현지연구회는 더욱 알찬 모임이 되도록 노력하겠습니다.

(2020년 2월 14일 기)

별지

大韓金屬學會誌 第18卷 特輯 第4號 1980. 9 — 329(69) —

<分科委員會報告>

金屬製鍊 分科委員會 第1回 現地研究會 報告

吳 在 賢*

目 次

1. 머 리 말

當 學會 金屬製鍊分科委員會 第1回 現地硏究會를 아래와 같이 開催한바 있으며 本 報告는 主題發表의 要約과 討議內容을 收錄한 것이다.

<사진 1. 主題發表 및 討議光景>

— 아 래 —

가. 日時 : 1980年 7月 31日 (木) 14 : 00~20 : 00

나. 場所 : 高麗亞鉛(株) 溫山製鍊所

다. 順序 : 14 : 00~15 : 30 工場見學
15 : 40~16 : 40 主題發表
16 : 40~19 : 00 討 議
19 : 00~20 : 00 懇 談 會

라. 主題發表

(1) 溫山 亞鉛製鍊所의 現況 및 問題點—高麗亞鉛(株) 南吉雄 生産部長

(2) 溫山銅製鍊所의 現況 및 問題點—溫山銅製鍊(株) 房極烈 製鍊工場長

마. 討議參加者 : 尊稱省略 無順

金鐸振(溫山銅製鍊, 技術擔當專務), 邊九戌(溫山銅製鍊, 生産部長) 房極烈(溫山銅製鍊, 製鍊工場長) 劉洙元(高麗亞鉛, 製鍊所長) 朴源哲(高麗亞鉛 技術室長) 金昌福(高麗亞鉛, 硏究室長) 南吉雄(高麗亞鉛, 生産部長) 李廷鏞(鑛業製鍊, 理事) 金應會(鑛業製鍊, 長項製鍊所長) 李龍鶴(파이로金屬, 常務) 金喜中(建設實業, 仁川銅製鍊所長) 申烽一(豊山金屬, 部長) 許星九(豊山金屬, 次長) 姜日求(KIST 室長) 李應祚(KIST 室長) 朴平柱, 金淵植, 康 卓(以上 서울大 敎授) 李容根(烏山工專大, 學長) 金壽植(仁荷大 敎授) 黃龍吉(東亞大 敎授) 趙萬衡(漢陽大 敎授) 金永弘(蔚山工大 敎授)

바. 一般參加者

李在夏, 김동진, 李五演(以上 全北大 敎授) 李邦植, 金官烋(以上 全南大 敎授) 趙煥從, 郭士濩, 白勝男, 高濟晩(以上 朝鮮大 敎授) 李相和, 鄭重喜(以上 東亞大 敎授) 鄭元培(釜山大 敎授) 金星秀 김규호(以上 嶺南大 敎授) 呂運寬(弘益工專大 敎授) 閔庚和(仁荷工專大 敎授) 李東輝(KIST, 先任硏究員) 邊國礎(綜合特殊鋼) 李相來(大韓重石, 硏究部長) 金 演(亞州化金, 社長) 金泰玩(現代엔진工業 部長) 李錫熙(韓電機械 部長) 곽근용, 김영호 이홍근, 김정희, 박현표, 정지연(以上 溫山銅製鍊 제련부) 황규선(高麗亞鉛 황산部長) 박종화(高麗亞鉛, 제련부차장) 왕홍식(홍삼공업기술 대표이사)

사. 座長 및 司會

金屬製鍊分科委員長 吳在賢

아. 記 錄

柳龍柱(蔚山工大 敎授)

*當 學會 金屬製鍊分科委員會 委員長
延世大 工大 金屬工學科 敎授, 工學博士

● 생각나는 사람들

우리나라 선광연구의 군상(群像), 1968년 10월 28일 국립광업연구소에서
선광·제련 분야 최초 세미나 개최

우리나라 선광연구의 군상(群像), 1973년 9월 8일
제2회 선광 · 제련 세미나를 마치고 국립지질광물연구소 가리봉동 현관에서

국립광업연구소 대전광물시험소에서
부선 pilot시험 광경(上東광산 회중석)
좌측 세번째부터 故 김재순, 김금봉, 필자(1967. 10)

중국광야공정학회에 참석 後,
1981년 11월 台北 國賓大飯店에서
필자, 시모이자카(下飯坂) 교수와 사모님

1984년 2월 10일 동북대학에서 시모이자카 교수, 필자
조동성 교수(인하대), 김영삼 대학원생(후 동아대 교수)

최형섭 박사님, 와세다대학
原田種臣 교수님과 같이(1991년 5월)

전남대학교에서 '자원처리기술 학술발표회'를 마치고,
백양사에서 좌부터 황기엽 교수, 이강문 교수, 필자,
권숙문 교수, 신방섭 교수

전남대학교에서 '한국자원리싸이클링학회'를 마치고
백양사에서(2002. 5. 24)

필자 부부와 Prof. M.C.Fuerstenau 부부와 같이
South Dakota주 Rapid City를 떠나면서(1982. 11. 21)

리싸이클링연구 日本파트너 外川健一
교수(앞줄 좌)의 대학원생과 함께(2000년)
뒷줄 좌부터 : 野見山, 藤本, 村上 제군

1993년 5월 27일, International Mineral Processing Congress(IMPC)에서 발표를 마치고,
Sydney에서 송진곤(전 영풍광업 선광부장, 현 Univ. of New South Wales Scientist)씨와 함께

설악산에서 대학원생과 같이(1992. 8)

1980년대의 필자 연구실 가족, 덕소에서

EARTH2001(경주 Hilton Hotel) Banquet에서 열연하는 전주민속악단

2006년 3월, International Seminar on MPT(Mineral Processing Technology)에서 인도간부와 한국대표들, 인도 첸나이

대만자원재생협회 회원의 우리학회 방문(2012년 여름)

제3회 한일 재료과학 및 자원리싸이클링 국제심포지엄, 일본 Tsukuba(2006.1.12~13)

EARTH2013 행사를 마치고 한국팀 관광기념
(2013. 11. 13 장가계에서)

제주도에서 한국남 박사 부부와 함께
(2002년 11월)

2017년 대만 리싸이클링산업 견학회 후,
대만-한국 교류회(2017. 2. 23)
좌로부터 陳志恒 교수, 黃孝信 이사장, 蔡敏行 교수,
오재현 교수, 박형규 박사, 손호상 교수

호주 IMPC 참석시, 윤여환 박사와 함께
(1993년 5월)

19

지리산이야기

19-1

1960년대의 지리산

처음 지리산 등산을 시도한 것은 1967년 7월 하순으로 기억된다. 인하공과대학에서 금속·연료종합연구소로 자리를 옮긴 해로, 연구소의 이동휘, 한정인 두 연구원과 이하공과대학 조동성 전임강사 그리고 친우 이상희 서울대학교 교수 이렇게 네 사람과 같이 전라선 구례구역에서 하차하여 화엄사 아래 동네로 왔다.

화엄사 바로 아래 계곡에 여관, 음식점이 너절하게 마을을 이루고 있었다. 어느 여관에 숙박을 정하고 화엄사 구경에 나섰다.

6.25 전쟁 중 지리산 빨치산 소탕을 담당하는 전투경찰대 차일혁(1920~1958) 제2연대 대장은 화엄사를 소각하라는 상부지시를 어기고 문짝만 뜯어내 소각함으로써 천년고찰 화엄사를 지켰다는

일화를 스님으로부터 들었다. 그 시절 벽송사, 영원사 등 천년고찰을, 심지어는 지리산 산중의 조그만 마을을 몽땅 불태워 없애는 전투를 치러야 했다.

밤에는 음식점에서 또는 여관에서 관광객의 노랫소리가 들리고, 단체 고등학교 학생들이 밤늦게까지 노는 바람에 잠들기가 힘들었다. 1인당 국민소득이 200불도 채 않되는 가난한 시대였지만, 그래도 낭만은 있었다.

이튿날 아침 우리일행과 여관에서 소개받은 가이드 겸 포터를 합해서 여섯 명이 화엄사 계곡을 출발하였다. 당시 만해도 가이드가 없이 지리산을 등산하는 것은 위험하였다. 또 천막 등 짐도 많았다.

황전리 → 접선대 → 눈썹바위 → 코재 → 샘터 → 노고단, 이렇게 해서 12시가 지나 노고단 샘터에 도착하였다. 약 3시간, 7㎞를 걸었다. 이 코스가 노고단 가는 정석이다. 그리고 노고단은 지리산을 대표하는 고원이고, 천왕봉으로 종주하는 기점이기도 하다.

노고단에서 맨 먼저 치러야할 행사는 군인에게 신고하고 모든 짐을 점검받아야 했다. 일제 강점기 선교사들이 여름휴식처로 노고단에 돌집을 짓고 마을을 형성하고 있었다. 6.25때 폭격으로 집들이 대파되었지만 군인들은 그 집들에 주둔하고 있었다. 배낭을 점검하는 과정에 약간의 음식물을 군인들에게 제공해야만 했다.

노고단에는 서울대학교 농대 연습림 산장이 한 채 있었다. 일제강점기 지리산이 일본 쿄도제국대학(京都帝國大學) 농학부 연습림이었고, 그때 지은 산장을 서울대학교에서 인수한 것으로 추측된다.

다행이 우리 일행은 이 산장에서 1박을 할 수 있었다. 지리산이 국립공원으로 지정되기 전이라(이해 12월말 국립공원 제1호로 지리산이 지정되었다.) 지리산에는 산장(대피소)이 아무대도 없었다. 기록에 의하면 함태식 씨가 1971년 노고단 산장의 처음 지킴이로 입산한 것으로 되어 있다.

서울대학교 노고단 산장에서 1박하고 다시 등산을 시작할 아침에 조동성 선생과 이동휘 군이 등산을 기권하고 하산하고 말았다. 어제 노고단까지의 산행이 너무 힘들었고, 또 노고단의 분위기가 그들을 하산하게끔 만든 것 같았다. 그래서 남은 세 사람만이 가이드를 따라 지리산 완벽종주를 목표로 노고단을 출발하였다.

길은(등산로) 희미하게 나 있었지만 안내판은 없었다. 얼마나 걸었는지, 앞으로 얼마 남았는지, 알 수가 없었다. 특히 삼거리에서는 방향이 헷갈렸다. 다행히 건장한 가이드가 샘이 있는 곳, 지명, 쉬는 장소 등 세심하게 안내하였다. 가이드 없이는 정말 산행이 어려웠다. 노고단 → 임걸령 → 토끼봉 → 연하천 → 형제봉 → 벽소령, 이렇게 약 14㎞의 지리산 능선을 종주하여 저녁 무렵에 벽소령에 도착하였다. 지리산 천왕봉까지는 11㎞를 남기고 있었다.

우리는 벽소령에서 야영을 결정하고 천막을 쳤다. 천막 주위에 명반을 뿌렸다. 뱀이 침입하는 것을 막기 위해서이다. 밥을 짓고, 고기를 굽고, 즐겁게 술을 마셨다. 그런데 갑자기 비가 오고 바람이 불기 시작한다. 천막 안으로 들어가 식사가 계속 되었다. 그러나 천막이 흔들리기 시작하더니, 천막이 날아갈 것 같다. 비가 뿌리고 강풍이 그치질 않는다.

우리 네 사람은 천막 네 귀퉁이를 필사적으로 붙들어야만 했다. 오랜 시간 이 강풍과의 싸움이 계속되는 동안에도 소주는 끊임없이 조금씩 마셨다. 술 없이는 추위와 강풍과의 싸움을 견디기 힘들었다. 이때처럼 술을 고맙게 느껴본 일이 없다. 만일에 천막이 바람에 날아갔다고 생각해 보자. 무서웠다. 이 악몽같은 밤이 지나

아침이 밝아왔다. 바람은 잠잠해졌지만, 비는 조금씩 계속 뿌리고 있다.

천왕봉까지의 완벽한 지리산 종주를 포기하고 마천 은정마을 쪽으로 하산하고 말았다. 초기의 목적이 실패해 허탈한 심정으로 하산을 재촉하였다. 그런데 어제 무심코 지나왔지만, 아니 일부러 외면했지만 충격적인 장면이 뇌리에서 사라지지 않는다. 50여 년이 지난 지금도 그곳 광경이 눈에 또렷하게 그려지고, 연민과 전율을 느끼게 한다.

토끼봉과 연하천의 중간지점으로 기억된다. 불에 타 까맣게 그슬린 고사목이 서 있는 길가 언덕이었다. 비바람에 파여진 흙더미 속에 2구의 유골이 노출되어 있었다. 틀림없이 빨치산의 유골일 것이다. 여수사건이 발발한 1948년부터 빨치산의 활동이 미미해진 1954년까지의 7년간 지리산은 사실상 전쟁터였었다. 한때는 2만명의 빨치산이 지리산에서 활동하였다는 기록이 있다. 그러니 노출되지 않은 유골은 얼마나 많을 것인가. 어느 지리산 지도에는 유골이 노출된 이곳을 '운봉무덤'으로 지명을 붙이고 있다.

나는 후일 정충제 저, 「실록 정순덕(상,중,하, 도서출판 대제학,

1989년)」을 읽었다. 정순덕(1933~2004)은 산청군 삼정면 내원리 출신이다. 1950년 결혼 직후, 빨치산의 강요에 식량을 지고 지리산에 들어간 남편을 찾아 1951년 입산하였다. 그리고 1963년 11월 그의 고향마을 뒷산에서 생포되었다. 소위 그녀는 지리산 마지막 빨치산이었다.

내가 처음 지리산 등산을 시도한 것은 마지막 빨치산이 생포된 지, 15년간의 지리산 비극이 종식된 지, 불과 4년 후였다.

(2019년 2월 13일 기)

19-2

피아골산장과 털보 함태식 선생

2005년 4월 2일, 나는 내 생애의 마지막 지리산 등산을 감행하였다. 아무한테도 안 알리고 나 혼자서였다.

4월 1일 구례읍에서 구례군 토지면 직전마을 가는 버스를 타고 연곡사 입구에서 하차하였다. 직전마을까지는 2㎞쯤 남기고 있었지만 시간이 남아 있어 폐허같이 된 연곡사 사지를 둘러보고 조용하고 한적한 시골길을 걸었다.

해질 무렵 '산 아래 첫 집'이라는 직전마을의 한 여관에 투숙하였다. 저녁상을 차려주는 아주머니와 이런저런 이야기를 나누었다. 지리산 단풍으로 유명한 피아골 계곡의 입구인 직전마을은 등산객과 관광객을 위해 대여섯 집의 음식점 겸 숙소가 있다. 아저씨는 산중에서 고로쇠를 채취하는데 전념하고 아주머니는 여관경영과 자녀교육을 담당하는 것 같았다. 내가 묵은 여관집 아주머니는 자녀들을 자가용에 태워 삼거리의 초등학교로 통학시키고 있었다. 생활이 안정되고 여유롭게 보였다.

4월 2일 아침 6시, 짐을 여관에 맡겨두고 피아골산장(대피소)을 목표로 걷기 시작하였다. 인적 하나 없고 정적에 쌓인 새벽계곡이 약간 무섭기도 하다. 돌덩어리로 이루어져 있는 등산로가 걷기 무척 힘 든다. 고향인 함양에 다녀오는 길에 깜짝 등산으로 쉽게 생각하고, 혼자 온 것이 후회가 된다. 2시간 가까이 되었을까, 흰 두루마기를 입고 수염을 기른 영감님과 마주쳤다. 목례만하고 그냥 지나쳐 버렸다. 그리고 얼마 안 걸어서 목적지인 피아골산장(대피소)에 도착했다.

산장 앞의 마당이 꽤 넓다. 500평도 넘을 것 같다. 노고단산장은 넓지만 잔디만 있는 고원에 서 있다. 이 곳 피아골산장은 숲속에 자리 잡고 있다. 마당광장도 온통 숲으로 덮여 있다. 비행기에서도 밑이 잘 안보이게 되어 있다. 그러기에 6.25 동란을 전후해서 춘동이 심했던 지리산 빨치산의 본부가 이곳에 있었던 것인가.

빨치산 총사령관 이현상(李鉉相), 1953년 사살 될 때까지 이곳을 거점으로 하여 지리산 빨치산을 지휘하고 있었던가. 내가 아는 고향 선배 하준수(1명 남도부)도 1950~53년 한국동란 때 이 현상이 이끄는 남부군 부사령관으로 이곳을 거점으로 맹활약했던가.

지리산 마지막 빨치산 정순덕이가 입산한 초기 이곳에서 이현상과 하준수의 수발을 들고 있었던 것 아닌가. 이병주의 「지리산」, 이태의 「남부군」, 정춘재의 「실록 정순덕」을 탐독했기 때문에 이곳 피아골산장 터에서 일어난 그때 그 시절의 양상을, 민족의 비극을 그려보고 상상해 보는 것이 어찌 억지라고 할 수 있겠는가.

이러한 역사적 배경을 알고 있었기에 피아골계곡을, 그리고 피아골산장을 꼭 한번은 가봐야겠다고 평소 생각하고 있었다. 피아골이란 지명도 빨치산과 토벌대의 치열한 싸움으로 흘린 피로 물들어 붙여진 것으로 생각하고 있었다. 이러한 호기심이 작동하여, 이번 산행을 결행하게 된 것 아닌가 싶다.

라면을 부탁하고 산장에서 일하고 있는 젊은이에게 조금 전에 만났던 영감님을 아느냐고 물어보았다. 그 어른이 1971년 노고산장에 홀로 들어와 30년 동안 지리산지킴이로 올곧이 살아 온 지리산 털보 함태식 선생이라는 것이다. 1989년 노고산장 직영화 조치로 좌천되어 지금은 피아골산장을 관리하면서 지리산지킴이로 계신다는 것이다. 그리고 그 어른이 쓴 「그곳에 가면 따뜻한 사람이 있다」라는 책을 보여주었다. 그날 서울에 올라와 바로 서점으로 가서 그 책을 구하였다. 그리고 읽기 시작하였다.

함태식 선생은 전남 구례에서 태어나 순천중학교와 연희전문학교에서 수학했다. 지리산악회에서 지리산을 지키고 가꾸는 활동에 열정적으로 참여하다가 1971년 노고산장의 산장지기를 자청하여 산 생활을 시작하였다. 지난 30년간 '지리산 털보', '노고단 호랑이'라 불리며 올바른 산행문화의 정착에 힘썼고, 또 수 많은 조난 등산객을 구조한 바 있다.

라고, 저자를 소개하고 있다.

2002년 가을 집사람과 둘이서 일본의 북알프스 다데야마(立山)를 넘어 구로베(黑部)댐을 구경하고 나가노(長野) 오오마찌(大町)로 하산하여 구로베관광호텔에 투숙하였다. 그리고 호텔 매점에서 우연히 다음과 같이 부제가 붙어있는 책을 발견했다.

「산을 생각하면 사람이 그립다. – 북알프스 개척의 선구자 모모세 신타로(百瀨愼太郎)의 생애–, 이시하라 기꾸요 저」 이 책을 잠도 자지 않고 단숨에 읽었다.

북알프스의 예명기, 일본 전국에 산악인으로 이름을 떨친 이곳 오오마찌 다이산관(對山館)의 주인이던 이 책의 주인공 탄생 백주년을 기념하여 1993년에 출판된 책이다.

산을 생각하면 사람이 그립고, 사람을 생각하면 산이 그립다.

신타로는 이 구절을 남기고 1949년 3월 5일 식도암으로 일기를 마쳤다.

나는 함태식 선생의 책과 이 책을 비교하면서 사색에 잠기곤 한다. 책의 이름도 비슷하다. 반세기 넘게 시대가 떨어져 있고, 사는 곳이 달라도 두분 다 산 생활과 사람과의 얽힌 이야기가 주다. 두분 다 산을 통해서 많은 친구지기를 얻었다. 산은 사람과 사람을 맺어주는 불가사의 한 힘이 있다. 산을 둘러싸고 얼마나 많은 사람들과 얽혀 살아오고 또 살아갈 것인가. 산을 생각한다는 것은 산에 얽힌 사람들의 살아가는 모습을 생각하는 것이었다.

함태식 선생은 그의 책에서 다음과 같이 끝을 맺고 있다.

사람들은 외롭지 않느냐고 묻는다. 외로움이란 누구에게나 찾아오는 법이다. 하지만 나는 세속에 대한 그리움과 외로움을 잊고 있다.

내가 세상과의 인연을 접어두고 산속에 홀로 살 수 있었던 것은 그나마 자연이 무척 좋았고 또한 산을 끔찍이도 사랑하는 사람들을 친구로 갖고 있었기 때문이다.

지리산 피아골산장을 생각하면 명분 없이 갖은 고생을 다하며 죽어간 수많은 빨치산 생각이 나고, 지리산에 평생을 바친 함태식 선생이 그립다.

(2019년 2월 18일 기)

19-3

역사의 수레바퀴에 깔려

지리산 등산을 처음 시작한 1967년부터, 마지막 등산을 감행한 2005년까지 38년 동안 10번 넘게 지리산 등산을 시도하였다. 정확한 시기는 기억할 수 없지만 서울대학교 이상희 교수와 그의 동료 조모 교수와 세 사람이 노고단에서 1박, 다음 세석평전에서 또 일박 그리고 장터목, 천왕봉에 올라 마천면 백무동으로 하산하였다. 지리산 종주에 성공한 것은 이 등산이 처음이고 마지막인 것 같다.

마천 백무동에서 시작하여 장터목에서 1박하고 천왕봉에 올라 산청군 중산리로 하산한 일도 있다. 1988년도 7월로 기억된다. 대학원생 10명을 인솔하여 노고단에서 일박하고, 다음은 뱀사골 계곡에서 1박 후 남원시 산내면 반선으로 하산하였다.

뱀사골계곡에서 새벽 2시 용변 차 천막을 빠져나와 보니 넓은 강가 바위 위에 강남기 군(현, 전자부품연구원 감사)이 정좌를 하고 홀로 앉자 있지 않은가.

"자네 이 밤중에 웬일인가"하고 물었더니, "선생님, 계곡이 너무 아름답고, 물소리 때문에 잠이 안 옵니다"라는 것이다. 달이 중천에 떠 있고, 물이 바위에 부딪치면서 달빛에 흐르는 광경이 아깝게 느껴졌을 것이다. 가벼운 등산과 관광을 겸한 지리산 자락이 즐거운 추억으로 남아 있다.

2000년대 초, 내가 리더를 맡고 있는 좋구나 산악회 회원이 구례군 역전에서 봉고 승합차를 대절하여 성삼재에서 하차하였다. 4㎞를 걸어서 노고단산장으로 와 특실에서 1박하였다. 이튿날 임걸령에서 피아골 산장을 거처 직전마을로 하산할 계획이었다. 그리고 포스코 광양제철소에 근무하는 김태동 군과 김성완 군을 직전마을에서 만나기로 약속되어 있었다. 그런데 아침에 일어나보니 비가 억수로 쏟아지고 있다. 그칠 비가 아니다. 도저히 등산을 감행할 수 없다. 그래서 계획을 취소하고 봉고 승합차를 성삼재에 대기시켰다. 광양 매실농장을 구경하고 하동 쌍계사로 왔다. 다행히

비는 그쳤다. 쌍계사에서 불일폭포까지 험한 2.2㎞의 산행을 하였다. 계곡에 물이 불어 나 힘든 등산이었다. 밤에는 쌍계사 입구에 있는 '단야식당'에 여장을 풀었다. 이 식당은 사찰국수와 산채더덕 비빔밥으로 이름이 나 있다.

밤에는 다시 비가 오기 시작하였다. 이 우중에 김태동 군과 김성완 군이 광양에서 달려왔다. 그들은 이 식당의 단골손님이고 불교에 매우 조예가 깊은 식당 여사장과 친숙하다. 푸짐하게 저녁을 대접하고는 폭우 속에 그들은 다시 광양으로 돌아갔다. 내가 광양제철소에 출장을 갈 때마다 김태동 군은 섬진강 재첩요리, 팔딱팔딱 뛰는 오도리(어린 새우회), 섬진강과 광양만 어구에서 나는 산해진미 요릿집으로 데리고 갔다.

또 가끔 나를 태우고 지리산 중턱에 있는 고찰 칠불사로 드라이브하여 지리산의 공기를 실컷 마시게 하였다.

이튿날 우리 일행은 봉고 승합차에 실려 역시 하동 지리산 중턱에 자리 잡고 있는 삼성궁을 관광하였다. 좁은 문을 통과하여 들어가니 넓은 산마루가 펼쳐지고 군데군데 왕궁이 건립되어 있다. 우리가 생각할 수 없는 어느 신흥종교의 별천지이다. 모나코 왕국과 같이 그들만의 천지이고, 왕국이다.

돌아가는 길에 묵계리의 지리산 서당 마을도 구경하였다. 초등학생, 중고생을 대상으로 여름방학동안 한문과 옛날예법을 가르치고 있다. 서당 고가(古家)가 퍽 인상적이다. 놀란 것은 광화문 세종문화회관 앞에서 이 마을까지 하루 1회 리무진버스가 운행하고 있다.

2004년 가을 성묘 차 아들식구와 같이 함양에 갔다. 함양읍의 유명한 스카이라인을 타고 오도재 정상 전망대에서 웅대한 지리산 연봉을 조망하고 마천면으로 내려갔다. 우리나라 3대 계곡의 하나라고 하는 칠선계곡 입구에 소재한 '서암정사'라는 암좌를 탐방하였다. 아기자기한 돌조각, 수려한 지리산 자락의 산세, 지리산 계곡의 물을 모아 흐르는 경호강, 이들을 한눈에 볼 수 있는 위치에 있는 '서암정사'는 탐방객의 얼을 매혹시킨다.

'서암정사'에서 나와 약간 우측으로 200m쯤 산을 올라가 벽송사(碧松寺)로 왔다. 신라 말이나 고려 초기에 창건되었다는, 선사(禪寺)로 이름이 알려진 천년고찰 벽송사는 6.25때 국군에 의해 완전 소실되었다. 그리고 지금 재건의 마무리 단계에 있었다. 6.25때 지리산 빨치산이 벽송사에 병원을 차려 야전병원으로 사용하고 있었기 때문에 견벽청야작전(堅壁淸野作戰)의 일환으로 벽송사를 불태워 없앴다. 국군은 빨치산 주위의 모든 산림을 비롯하여 산간 마을을 모조리 불살라 없애게 했다.

그로부터 50년이 지났다. 10년이면 강산도 변한다고 하지 않았던가. 지리산 자락이 온통 관광지로, 문화공간으로 바뀌고 있다. 그런데도, 나는 이 벽송사에서 6.25때의 빨치산과 얽힌 비참한 잔영(殘影)을 볼 수 있었다. 하늘이 울어도 지리산은 울지 않는다는 영산(靈山), 지리산은 6.25를 전후해서 같은 민족끼리 죽이고, 죽고 하는 전쟁터가 되고, 돌이킬 수 없는 비극을 품어야 했다. 특히 지리산 북쪽을 차지하고 있는 함양군의 삼면(마천면, 휴천면, 유림면)과 남원군 산내면은 살육의 광란을 치러야 했다. 빨치산 문학의 원조인 이태의 실기 「남부군-최초로 공개된 지리산 빨치산 수기-」 머리말 속에는 다음과 같은 글로 매듭짓고 있다.

'지리산'이라면 피비린내 나는 민족사를 연상하던 세대로 이제는 많지 않다. 지금은 국립공원 제1호로 젊은 남녀 등산객의 발길이 잦은 지리산-그 아름다운 능선과 계곡에 피로 얼룩졌던 시절의 얘기는, 그들과 같은 또래 청춘들이 30여 년 전에 겪었던 일들은 이제 그들에겐 까마득한 전설이며 잊혀져야 할 얘기들이다. 그러나 그 시절–너무나 많은 청춘들이 그 산중을 방황하면서 죽어갔다. 전쟁이란 낱말로도 설명될 수 없는 비참함 속에 죽어갔다. 이제 이름조차 기억하는 이 없는 그 주검들은 풍우 속에 흙이 되었으나 그들이 불태워 살랐던 핏빛 정열에는 한가락 장송곡도 없었다. 그리고 세월은 강물처럼 흘렀다. 흐르고 있다. 지난 은수(恩讐)를 다잡아 싣고, 삭히며 한없이 흘러가고 있다. 사랑도, 미움도, 환희도, 분노도, 마침내 모든 것이 투명으로 돌아간 역사의 강물 위를 인간은 또 흘러간다. 스스로의 의지로는 어떻게도 할 수 없는 25시의 인간들이 한없이 표류해간다. 이것이 이 회상기를 끝내는 나의 감회이다. 여러 해 전 어느 늦가을, 나는 뱀사골을 찾기 위해 반선 부락에서 하룻밤을 묵었다. 때마침 내린 가을비 속에서 나는 수많은 망령들의 호곡 소리를 들었다. 그 옛날 그 청년이 말했듯 '역사의 수레바퀴에 깔려' 죽어간 수많은 젊은 넋들의 호곡 소리를 나는 어두운 밤 골짝을 내리는 가을비 속에서 들은 것 같았다.

(2019년 3월 25일 기)

19-4

함양 지리산 빨치산 이야기

작년(2018년) 10월 19일 집사람과 같이 아들 차에 실려 함양군 병곡면 연덕리의 고향마을을 찾았다. 부모님 선산에 성묘를 하고, 내가 묻힐 곳도 둘러보았다. 그리고 아버지께서 마련해 주신 내 집터도 여전한지 확인하였다. 중추의 시골은 언제가도 풍요롭다. 동리 친지가 양파, 알밤을 한 자루씩 담아 차에 실어주었다. 돌아오는 길에 도천리(우루묵)에 살고 있는 생질 하상민군의 집에 들렀다. 도천리는 함양읍에서 3㎞, 연덕리까지의 꼭 중간지점에 있다.

하상민군은 5~6년 전 귀촌하였다. 조부모님 그리고 부모님이 살던 집이 해방 후 군경에 의하여 소실되고 사랑채만 반쯤 남아있던 것을 정리하여 아담한 집을 지어 서울서 이주해 왔다. 바로 옆집은 해방 후 빨치산 두목으로 유명한 한준수(일명 남도부)네 집이다. 동리 한가운데 자리 잡고 있다. 도천리는 진양 하(河)씨의 집성촌으로 병곡면에서 제일 부촌이었다.

나는 초등학교 시절 지금 상민군이 살고 있는 옛집에 가끔 놀러가 자고 가는 일도 있었다. 누님이 보고 싶기도 하였지만 자형(하갑수)의 동생 하남수군하고는 초등학교 한반 친구였다. 자형 하갑수(河甲洙, 1916년생)는 명문 부산2상(부산제2상업학교)을 졸업하고, 일본에 가서 고학이었지만 대학을 다녔다. 하준수(河準洙, 1921년생)는 진주중학교 3학년 때 중퇴하고 일본에 가서 중학교, 대학을 다녔다. 촌수는 알 수 없지만 두 분은 형, 아우하는 가까운 친척이고, 하갑수는 소지주의 아들이고 하준수는 대지주의 아들이었다. 당시(일제시대) 중등학교에 진학하려면 소지주의 아들이어야만 가능했고, 대학에 진학하려면 대지주의 아들이 아니면 불가능하였다.

내가 초등학교에 입학 할 때 동리에서 다른 한 친구와 둘뿐이었다. 같이 입학해야 할 친구가 여러 명 있었지만, 가난해서 학교에 갈 수 없었다. 일본 식민지시대의 말기였지만, 매년 중등학교에는 면에서 2명, 대학교(전문학교 포함)는 군에서 2명 정도가 진학한 것으로 생각된다.

이러한 시대라 하갑수와 하준수는 우리 고을의 엘리트였고, 남들이 부러워하는 신분이었다. 8.15 해방이 되던 이듬해(1946년), 중학교 4학년(현 고1) 여름방학 때였다. 나는 자형(하갑수)을 따라 서상 영각사를 탐방하고, 안의 용추사 깊숙한 남덕유산 자락의 하준수 은신처 산속 오두막을 찾은 기억이 난다. 하준수는 무장답게 자기 스스로 납을 녹여 훈장을 만들어 가슴에 주렁주렁 달고 있었다. 그리고 젊은 여자 한분이 오두막집에서 시중을 들고 있었다. 해방이 되자 지리산에서 혜성과 같이 나타나 여러 가지 화제가 된 하준수가 왜 피신하고 있는지 나는 깊이 몰랐고, 또 알려고 하지도 않았다. 그 이듬해 자형 하갑수도 지리산으로 종적을 감추었다.

그러고부터 군경에 의한 누님의 시달림은 이만저만이 아니었다. 전술한 바와 같이 집체는 불타버렸고, 불타고 남은 사랑채에 살고 있었다. 사흘 들이로 경찰에 불려가서 고초를 받았고, 서북청년단의 잔인한 고문도 받았다. 어린 아들 상민군과 상규군을 데리고 연덕리 친정으로 피신도 자주하였다. 상민군은 이렇게 비참한 과거를 가슴에 묻고, 부모가 물려준 옛 집터에 자리 잡아 노후를 보내고 있다. 내가 방문한 그날 거실에서 우연히 한권의 책을 발견했다.

2017년 12월 함양문화원/경상남도문화원연합회에서 간행한 「함양 지리산 빨치산 이야기」였다. 제목부터가 자극적이고 놓치면 안 되는, 꼭 읽어야 하는 책이었다. 나는 이 책을 빌려왔다. A4 크기의 300페이지가 넘는 책이다. 220(70%)페이지가 함양 지리산의 빨치산에 얽힌 이야기가 차지하고 있다. 우리 집이 있는 병곡면을 제외하고는 함양군의 전 10개면에서 빨치산에 시달리고, 희생되고 또는 전투한 이야기, 그것 보다 훨씬 많은 토벌대(군경)에 의한 양민 학살사건이 담겨져 있다. 지도를 펴 놓고 전투한 지점, 토벌대가 양민을 학살한 지점을 확인하면서 책을 읽었다. 내 고향이기 때문에 지명이 낯설지가 않다. 그리고 오래 전에 읽었던 이태의 「남부군–최초로 공개된 지리산 빨치산 수기–」를 꺼내어 두 책의 기술을 대조해 가면서 읽었다.

여수·순천 반란사건 후 지리산으로 도피한 지휘자 김지회와 홍순석은 마천면 백무동에 본부를 설치하여 본격적으로 빨치산 활동을 시작한 것이 1948년 10월이었다. 빨치산이 출몰하면 토벌대와 전투가 벌어졌다. 그리고 의례히 토벌대는 주민을 학살하였다. 빨치산과 내통하고 협력했다는 죄명이다. 이 책의 55페이지에는 다음의 글을 볼 수 있다.

국군 제 3연대 제3대대와 함양경찰서 경찰, 특공대는 1949년 5월부터 1950년 3월까지 함양군 일대와 지리산 등에서 빨치산 보급로를 차단하고 산간마을을 소개(疏開)하였다. 이러한 과정에서 많은 민간인들이 통비분자, 빨갱이 등으로 몰려 희생당했다. 산간마을 주민들이 빨치산의 협조자가 아니었다는 것은 '낮에는 대한민국, 밤에는 인민공화국'인 상황에서 무장한 빨치산이 나타나 식량과 의복을 요구하고 짐을 져다 줄 것을 요구하면 어쩔 수 없었을 것이라는 것을 참전군경조차도 잘 알고 있었다. 군경의 치안이 미치지 못하는 밤에 빨치산이 마을에 들어와 총을 들이대면 밥을 해주거나 양식을 빼앗길 수밖에 없는 사정을 뻔히 알면서도 빨치산과 내통했거나 도와주었다는 명목으로 구타와 고문을 가하는 바람에 그런 군경에 복수하기 위해서 실제 빨치산으로 입산한 경우도 적지 않았던 것이다.

이태의 '남부군'에서도 다음과 같은 구절을 볼 수 있다.

이 수기 속에서 사랑하는 아버지와 오빠를 학살당하고 복수의 악귀

가 된 한 소녀는 자신마저 박격포탄에 찢겨 겨울 산에서 죽는다. 백설 위에 선지피를 뿌리며 숨져가던 그녀가 마지막에 경련하는 입술로 무엇을 말하려 했던가를 나는 적어 남겨야 했다.

이 책(함양 지리산 빨치산이야기), 133페이지와 150페이지에 기술된 '유림 서주 양민학살사건'은 읽기조차 역겨운 비극의 극치를 말하고 있다. 1951년 2월 7일 육군 제11사단 9연대 3대대(대대장 한동석)는 산청군 금서면에서 8시에 가현에서 90명, 10시에 방곡에서 180명, 12시에 점촌에서 42명, 계 312명을 학살하고 내려와서 유림면 모실, 서주자혜, 주산에서 사람을 모아서 오후 6시 서주에서 217명의 양민을 학살하였다고 기록되어 있다.

군인들은 장정 20여명을 불러 밤나무 밭에 가서 타원형으로 구덩이를 파놓고 주민들을 그쪽으로 이동시켜 한꺼번에 수백명을 구덩이에 몰아넣고 기관총으로 난사하고 수류탄을 투척하였다. 그들의 무자비한 학살자행에 10여 분간 천지가 돌고 하늘이 무너지는 듯한 아수라장에 살냄새, 피냄새가 일대를 얼룩지게 했다고 살아남은 사람이 증언하고 있다. 1949년 이래 5년여에 걸친 소백·지리지구 공비 토벌전에서 전몰군경의 수는 6,333명에 달하고, 빨치산 측 사망자 수는 줄잡아 1만 수천은 넘을 것으로 추정된다고, 실기 '남부군'에 기록되어 있다. 또 야수같은 군인에 의해서 학살당한 양민은 얼마나 많은가.

법정(法頂)스님은 1954년, 한국동란의 휴전협정이 체결된 다음 해에, 그가 24세 되던 때 출가하였다. 같은 민족끼리 싸움을 하는 비참한 전쟁의 체험이 출가의 결정적인 동기가 되었다. 그의 저서 중에서 그 당시 그의 심정을 다음과 같이 설명하고 있다.

이 나라에 태어난 모든 사람이 경험한 바와 같이 이웃끼리 총구를 맞대고 광분하고, 동족상잔의 6.25 동란의 전란 중에서, 나는 인간 존재에 대한 회의에서 벗어날 수가 없었다. 하찮은 사상과 이념 때문에, 왜 형제와 동족이 서로 피를 흘리면서 죽이고 죽고 해야 했는가. 나는 도저히 이해할 수가 없었다. 감수성이 가장 예민한 학창시절, 깊은 밤잠을 설치면서 자문하고, 고뇌와 방황 속에서 보냈다.

'함양 지리산의 빨치산 이야기'을 읽으면서 나도 "인간의 본성"에 대한 고민에 시달렸다. 어쩌다 끌려 입산한 젊은이, 남편을 찾아 입산한 여인, 군경에 시달려 입산한 사람들이 사람을 죽여야 하는, 인민을 위한 사상과 이념이 있을리 없다. 그들은 집단이 되어,

영문도 모르고 사람을 죽였다. 빨치산의 간부는 거의 모두가 중농 이상 지주계급의 자제들이다. 그들은 이론적인 공산주의자는 될 수 있을지 몰라도 생리적인 공산주의는 될 수 없는 휴머니스트였다. 이들이 왜 사람을 죽이게 되었는가. 국민의 안전을 지켜야 하는 군인이 어떻게 양민을 학살 할 수 있단 말인가. 우리나라 군인이 맞는가. 이렇게 잔인하고 포악한 성질을 우리는, 인간은, 본래 가지고 있었던가.

'함양 지리산 빨치산 이야기'를 다 읽고 2018년 12월 중순 이 책의 집필위원장 김흥식 함양문화원 원장에게 간단한 인사편지를 보냈다. 그로부터 3~4일 후 김흥식 원장으로부터 전화를 받았다. 초면인 서로가 울먹이면서 통화가 시작되고 울먹이면서 짧은 통화가 끝났다. 굶어서 죽고, 얼어서 죽고, 아파서 죽고, 총에 맞아서 죽은 지리산의 젊은 빨치산이 인간 생존의 한계를 넘어 산돼지처럼 생활하면서 역사의 수레바퀴에 깔려 지리산 계곡에 묻혀있는 20대의 수많은 젊은이가, 이들에게 사살당한 군경이, 또 군경에게 학살당한 양민의 죽음이, 우리끼리의 싸움과 죽음이 서러워, 가슴이 메어져 통화를 더 이어갈 수 없었다. ***(2019년 4월 21일 기)***

19-5

과거를 묻지 마라

함양 지리산 빨치산 이야기를 쓰는데 한 달이라는 긴 시간이 흘렀다. 70년 전의 지리산 빨치산 이야기가 서럽고 또 치가 떨려 자주 펜을 멈추게 하였다. 무슨 원한이 있다고 지리산 산속에서 산돼지 같은 생활을 하면서 사람을 죽여야 하는가. 하찮은 사상이, 이념이 그렇게 중요한 건가. 또 양민을 학살한 야수 같은 군인은 사람이 맞는가.

지난 4월 19일, (재)미래연구원이 주최한 '서애 유성룡의 리더십' 심포지엄에서 우연히 류종하 전 외무부장관의 '인간의 본성'에 관한 강연을 들었다. 40년간 외국에 근무하면서, 인간의 본성(본질)이 무엇인가를 주제로 세계 여러 나라의 시국을 세밀히 관찰하였다. 그 결과 인간은 사람을 죽이는 폭력성이 있는 동물이고 무리를 이끄는 동물임을 확인하였다고 한다.

'남부군'의 저자 이태는 그 저서에서 그가 17개월 간 빨치산 생활을 하는 동안 "인간이 얼마나 잔악하고 추악한 동물인가를 봐왔다"고 기술하고 있다. 또 법정스님은 그가 출가하기 전 6.25 동란을 겪으면서 동족을 서로 죽이고 형제가 총구를 맞대야만 하는 인간은 본성은 무엇인가에 젊은 날 시달리고 고민하였다고 한다.

나는 본능(本能)과 본성(本性)이 어떻게 다른가에 대해 옳게 설명할 수가 없다. 본능을 완전히 억제하고 무시하는 규범과 생활은 결코 지속될 수 없다. 인간의 본능을 살리는 것이 사회생활에 반영되어야 한다. 그러나 본능을 어느 한도에서 억제하고 조절하는 힘도 있어야만 한다. 전적으로 본능에 맡겨서는 이 사회가 구성되고, 유지될 수가 없다. 본성도 마찬가지일 것이다.

책 「함양 지리산 빨치산 이야기」 속에는 잔인하고 포악한 동물 같은 인간의 본성이 많이 담겨져 있지만, 인간의 이성(理性), 인간의 사랑도 실려 있다. 그 예를 이 책의 맨 끝자락에서 볼 수 있다.

6.25 전쟁 중 경남 함양, 20대 초반이던 K씨는 한밤중에 여러 사람과

인민군 트럭에 실려 끌려가고 있었다. 전쟁 전에 알고 지낸 청년 B씨가 인민군이 돼 함양에 왔는데, 그가 K씨 일행을 끌고 가던 중이었다. 함양과 남원 경계지역을 넘어가던 차가 갑자기 멈춰 섰다. B씨는 K씨를 차에서 내리게 해 산속으로 끌고 가더니 갑자기 허공에다 총을 쐈다. 그러면서 "도망가라"고 속삭였다. K씨를 총살한 것처럼 하고는 그를 살려 보낸 것이다.

또 2016년 8월 27일 마천면 벽송사에서 옛 토벌대와 빨치산 출신 인사들이 어려운 만남을 가졌다. 지리산 자락 주변에 살던 이웃이 이념 때문에 서로에게 총을 겨눈 이들이다. 전쟁이 끝나고 다시 이웃이 됐지만 이들은 화해하지 못하고 살았다. 아쉽게도 이날 극적인 화해는 이뤄지지 않았다. 마음의 깊은 골을 메우기에는 아직 상황이 무르익지 않았음을 다시 확인해야 했다. 그러나 2015년 이 장소에서 가졌던 모임의 싸늘한 분위기와는 달리 당장의 화해는 어려워도 서로 사랑해야 한다는 데는 공감했다고 한다.

그렇다. 자주 만나야 한다. 만나는 가운데 서로 이해하고, 용서하고, 사랑하게 될 것이다. 따뜻한 옛날의 이웃으로 돌아올 것이다. 그리고 잊어야 한다. 70년 전의 비극의 악몽을 간직하여 어떻게 하겠다는 건가.

2019년 4월 20일 조선일보에, 적국에서 우호국으로 만든 한국·베트남 수교의 '1등 공신' 마이 리엠 쭉(Mai Liem Truc, 75세) 전 장관과 인터뷰한 기사가 실려 있다. 그는 동독 유학 중 귀국해 북베트남군의 일원으로 베트남전에 참전, 통신병으로 전장을 누볐다. 과거 그에게 한국은 분명 총부리를 맞댄 적국이었다. 그런데도 1980년대 말 베트남 정보통신부 전화국장 자리에 있던 그는 국제전기통신연합(ITU) 신규 이사국이 되려는 한국의 손을 들어줬었다. 이것이 3년 뒤 한국·베트남 수교의 물꼬를 텄다.

마이 전 장관은 "한국을 도운 건 바로 우리 국민을 위한 일이었다."고 했다. 또 그는 한국이 도와 베트남의 국가기간산업인 통신을 발전시킬 수 있었고, 그 덕분에 베트남 경제도 성장할 수 있었다고 했다. "한국이 없었다면 지금의 베트남도 없었을 것"이라고도 했다. 호찌민이 죽기 전 "내가 죽은 후에는 과거를 묻지 마라"라는 유언을 남긴 것을 우리는 알고 있다.

대만의 전 총통 이등휘(李登輝)는 그의 회고록 「나의 주장」 중에서 다음과 같은 글을 남기고 있다.

"제1, 장래의 중국은 하나이지만 현재의 중국은 '하나의 분단된 중

국이다.' 중화민국은 1912년에 성립하여 1949년 이후에는 대만으로 이전하고 있지만, 중공정권의 관할권이 대만에 미친 일은 없다. 대만해협 양안이 두 개의 다른 정치 실체에 의해서 통치되고 있는 것을 부정할 수 없는 사실이다. 제2, 중국의 재통일은 물이 높은데서 낮은데로 흐르는 것처럼 단계적으로 이루어져야하며, 시간적인 제한을 설정해서는 안 된다. 대륙 지구의 민주화와 양안관계의 발전이 '평화통일'의 진전을 결정하게 되는 것이다."

그리고 이 책 후기에서는 이런 얘기도 기술하고 있다.

"나는 자기 경험에 의해서 젊은이에게 첫째 자기중심의 관념을 배제하는 일이고, 다음에는 과거에 너무 집착 안하는 것이 필요하다고, 기회가 있을 적마다 설득하였다. 자기중심으로 세상일을 생각하게 되면 자아부터 자유일수 없고, 과거에 집착하는 한 자기를 긍정적으로 생각하고 앞으로 전진 할 수가 없다. 확실히 반성은 필요하지만, 그것 만으로서는 인생이 성립하지 않는다. 따라서 우리들은 전향적인 자세가 필요하다."

나는 이 책을 읽고 또 읽었다. 투명하고 선명한 그리고 합리적인 정치철학 그리고 솔직한 고백에 깊은 감명을 받았다.

지난 3.1절, 문재인 대통령은 그의 기념사에서 친일파를 철저히

색출하여 벌을 줄 것을 촉구했다. 정말 안타깝다. 친일파는 70년이 훨씬 넘은 지나간 역사이다.

「함양 지리산 빨치산 이야기」는 '지방문화원 원천콘텐츠 발굴사업'으로 문화체육관광부가 지원해서 함양문화원·경남문화원연합회가 발간한 책이다. 6.25 전후, 그 비극의 현장을 목격하고, 증언할 수 있는 몇 분 안 되는 분들이 간신히 남아있다. 생생한 기억을 가진 또 오늘, 내일의 삶을 기약할 수 없는 분들이다. 이러한 시기에 뼈아픈 빨치산 이야기를 과장 없이 기록으로 남긴 이 책은 함양 향토사를 바르게 후세에 전할 수 있는 귀중한 책이다.

우리는 역사를 알아야 한다. 하지만 역사가 원한과 한풀이 도구로 이용되어서는 안 된다. 이 책은 김흥수 함양문화원 원장의 발간사 말미에서 말한 것처럼 이 책을 통해 나라사랑 정신을 새롭게 인식하고, 대한민구의 생존과 번영을 위해 생각해보는 계기가 되었으면 하는 바람이다. 또 이 책이 임진왜란 시 나라를 지켜낸 재상 서애 유성룡(柳成龍)이 저술한 징비록(懲毖錄)과 같이 모든 것을 나와 우리의 잘못으로 반성하며 과거를 털고 희망을 안고 미래로 향하는 책이 되었으면 좋겠다. ***(2019년 4월 28일 기)***

칼럼후기

칼럼 후기

오는 3월 8일이면 분당에 입주한지 만 26년이 된다. 분당신도시 출발과 같이했다. 분당은 이웃이 없어 객지 같다고 항상 아쉬워했다. 그래도 분당중앙공원이, 율동공원이, 불곡산 그리고 탄천고수부지가 마음을 많이 달래주었다.

분당중앙공원은 내 고향마을처럼 산이 있고, 내가 흐르고 잔디밭이 있다. 텅 빈 마음으로 중아공원을 산책하노라면, 고향생각은 기본이고, 90년 세월이 점멸(點滅)한다. 그 중에서 극히 최근의 일들을, 잊을 수 없는 생각을 칼럼으로 담아 1년 6개월간 일기체로 엮었다.

2018년 6월 마지막으로 '졸수의 변'을 쓰고 다시는 글을 남기지 않으려고 다짐하였다. 모든 서적과 자료를 없앴기 때문에 그럴 수 밖에 없었다. 그래도 4반세기 넘게 분당에 살았으니 이정도의 흔적은 남겨야 하는 것 아닌가 싶기도 하다.

한국자원리싸이클링학회 민지원 실장은 25년간 나의 글을 한결같이 워드로 다듬어 주었다. 고맙게도 이번에도 예외가 아니다.

그리고 필자의 글을 늘 출판해준 S&M미디어㈜의 배려와 노고를 잊지않겠다.

긴긴 90여 세월의 종말이 달음박질로 다가오고 있다.

2020년 2월 25일 기

저자소개

저자 오 재 현(吳在賢)

약력

오재현은 1929년 경남 함양에서 태어나, 와세다대학(早稻田대학)에서 공학사, 공학석사, 공학박사 학위를 받았다. 인하대학교 교수(광산공학과), (재)금속 · 연료종합연구소 선광연구실장, 연세대학교 교수(금속공학과)를 거쳐, 현재는 연세대학교 명예교수이다. 1982년에는 South Dakota School of Mines & Technology와 Virginai Polytechnic Institute & State University에서 연구한 바 있고, 1991년에는 대만 國立成功大學 客座敎授로 재직하였다.(사)한국자원리싸이클링학회를 설립, 초대, 2대 회장을 지내고 현재 명예회장으로 있으며, 동아시아 자원리싸이클링 국제심포지엄 국제조직위원 명예위원으로 활동 중이다.

저서

일반 : 오래된 日本기행(2006)
감동의 여로(2011)
수필과 역사가 함께한 공과대학교수의 이야기(2018)

전문 : 오재현의 자동차리싸이클링 기행(2003)
도시광산 자원과 리싸이클링(2013)
성공한 리싸이클링 들여다보기(2015)
자동차 리싸이클링산업의 발전(2015)
자원리싸이클링 산업의 탐색(2017)

사무실 : 서울시 강남구 테헤란로 7길 22 과학기술회관 1106호
한국자원리싸이클링학회

Tel : 02) 3453-3541~2

Fax : 02) 3453-3540

Mobile : 010-4131-3540

E-mail : kirr@kirr.or.kr
kirr1992@naver.com

분당 일기

초판 제1쇄 인쇄 2020년 05월 20일
초판 제1쇄 발행 2020년 05월 30일

저 자 | 오재현
발행인 | 배장호
발행처 | S&M미디어㈜
주 소 | 서울시 서초구 명달로 120번지 S&M빌딩 5~7층
전 화 | 02)583-4161
팩 스 | 02)584-4161
홈페이지 | www.snmnews.com
등 록 | 1996년 6월 10일, 제16-1318호

ISBN 978-89-89069-86-7